LES JUGES, QUAND ÉCLATE
UNE RADIOGRAPHIE DE LA CRISE
de Rodolphe Morissette
est le cinq cent seizième ouvrage
publié chez
VLB ÉDITEUR
et le troisième de la collection
«Partis pris actuels».

S'inscrivant dans le prolongement des perspectives ouvertes par la célèbre revue *Parti pris* à l'époque de la Révolution tranquille, la collection «Partis pris actuels» propose des essais qui analysent d'un point de vue critique la société contemporaine et défendent des prises de position fermes dans les débats culturels et politiques qui la traversent.

Sans reprendre intégralement le «programme» social et politique de *Parti pris*, la collection entend maintenir une exigence de critique radicale des diverses formes de domination qui s'exercent sur la société québécoise.

Elle privilégie, dans cette optique, les ouvrages se réclamant de positions progressistes dans l'examen et la discussion des enjeux auxquels nous sommes collectivement confrontés.

LES JUGES,
QUAND ÉCLATENT LES MYTHES
UNE RADIOGRAPHIE DE LA CRISE

du même auteur

La presse et les tribunaux: un mariage de raison, Wilson & Lafleur ltée et Quebecor, 1991.

En collaboration avec Luc Morissette, *Petit manuel de guérilla matrimoniale*, Ferron éditeur, 1973.

Rodolphe Morissette

Les juges, quand éclatent les mythes

Une radiographie de la crise

vlb éditeur

VLB ÉDITEUR
Une division du groupe Ville-Marie Littérature
1010, rue de la Gauchetière Est
Montréal, Québec H2L 2N5
Tél.: (514) 523-1182
Télécopieur: (514) 282-7530

Maquette de la couverture: Eric L'Archevêque
Illustration de la couverture: Louis Montpetit

DISTRIBUTEURS EXCLUSIFS:

• Pour le Québec, le Canada et les États-Unis:
LES MESSAGERIES ADP*
955, rue Amherst, Montréal, Québec H2L 3K4
Tél.: (514) 523-1182
Télécopieur: (514) 939-0406
* Filiale de Sogides ltée

• Pour la Belgique et le Luxembourg:
PRESSES DE BELGIQUE S.A.
Boulevard de l'Europe, 117, B-1301 Wavre
Tél.: (10) 41-59-66
       (10) 41-78-50
Télécopieur: (10) 41-20-24

• Pour la Suisse:
TRANSAT S.A.
Route des Jeunes, 4 Ter, C.P. 125, 1211 Genève 26
Tél.: (41-22) 342-77-40
Télécopieur: (41-22) 343-46-46

• Pour la France et les autres pays:
INTER FORUM
Immeuble ORSUD, 3-5, avenue Galliéni, 94251, Gentilly Cédex
Tél.: (1) 47.40.66.07
Télécopieur: (1) 47.40.63.66
Commandes: Tél.: (16) 38.32.71.00
Télécopieur: (16) 38.32.71.28
Télex: 780372

Le grand esprit perd toute assurance dès qu'il doit abandonner son nid d'aigle et se faire comprendre du commun.

ROBERT MUSIL,
L'homme sans qualités, II, 71

La juridiction ne se donne point en faveur du juridiciant, mais en faveur du juridicié. On fait un supérieur, non jamais pour son profit, mais au contraire, pour le profit de l'inférieur, et un médecin pour le malade, non pour soi. Toute magistrature, comme tout art, jette sa fin hors d'elle-même.

MICHEL MONTAIGNE,
Essais, III, 6

INTRODUCTION

Le mythe s'essouffle

Ça grignote du juge par les temps qui courent. La juge Andrée Ruffo, qui cherche à tenir la vedette en commentant publiquement les affaires qu'elle a à juger; le juge Claude Léveillé au salon de massage ou ivre «sur le banc»; son confrère Denys Dionne, notant que «comme on dit, toute règle est faite... comme les femmes, pour être violée»; le juge René Crochetière, que rien n'empêche de dormir; la juge Raymonde Verreault, accusée par le Barreau, blâmée par l'opinion publique...

Ça grignote fort. «La saison de la chasse aux juges est ouverte», lançait à Jasper, début 1994, le juge André Brossard, de la Cour d'appel du Québec. On a livré la juge Verreault «aux loups», martelait-il, outré, sans préciser si les carnassiers sont les médias, l'opinion publique ou les deux.

Bouffer du juge, c'est assez nouveau. Il faut dire que les juges, l'opinion publique les avait à ce jour plutôt ménagés. Il suffit de lire le manuscrit des mémoires non publiés de Léopold Lizotte, journaliste à la retraite qui avait signé durant quarante ans la chronique judiciaire de *La Presse*, sur certains juges de naguère pour comprendre pourquoi aucun éditeur approché par l'auteur n'a osé prendre le risque de publier des révélations aussi étonnantes, aussi salées. En regard de ceux-là, nos quelques juges d'aujourd'hui qui font les manchettes sont tous des enfants de chœur.

Les médecins et les avocats ne la trouvent pas drôle non plus, cette décennie curieuse qui a le nez dans les auditions de leurs comités de discipline ou qui voit de ces professionnels défiler régulièrement devant les tribunaux. Il ne se passe plus une semaine sans que la presse fasse état de pratiques frauduleuses chez l'un ou l'autre des leurs, parfois même d'agressions ou de quelque trafic de stupéfiants. Précisons que les reproches adressés à une infime minorité de juges n'ont rien de commun avec de tels délits.

«Et alors, dites-moi: les juges... Qu'est-ce qui arrive aujourd'hui aux juges?» demandait, pour lancer la discussion, l'intervieweuse de Radio-Canada à *Dimanche Magazine*. Question difficile, surtout quand on fait référence «aux juges» en général. Ils sont pour la plupart remarquables. On compte sûrement beaucoup moins de gaffes condamnables chez les juges, au cours d'une année, que chez les journalistes.

Ce qui arrive aux juges — et qui les étonne tant, les inquiète et les navre sans bon sens —, comme ce qui arrive aux médecins, aux avocats et aux notaires, n'a rien de bien dramatique en soi. Avec beaucoup de retard, la société québécoise découvre ses juges et en parle librement.

Elle l'a fait bien plus tôt avec ses évêques, ses curés et leurs liturgies, avec ses policiers maintenant réunis en syndicats puissants, avec ses «hommes d'affaires» graves, sacrés et, le plus souvent, subventionnés; enfin, plus récemment, avec ses représentants politiques. Elle a longtemps bouffé du journaliste aussi, ces petits sacripants qui ne colportent que des faussetés, se plaisait-on à répéter.

Les mass-media y sont évidemment pour quelque chose dans la critique de juges. Si les médias étaient absents des palais de justice, personne n'en parlerait; personne ne saurait ce qui s'y passe, ce qui s'y dit, ce qui s'y décide.

Le rôle des médias dans cette affaire est évident. Autant dans le traitement «protégé», tout en dentelle, qu'ils ont accordé ou accordent encore à certaines catégories de citoyens que dans le dévoilement désormais libre, et parfois insolent, des activités des autres.

Ainsi, les organes de presse d'ici protègent encore les vedettes sportives. Ils valorisent encore béatement leurs salaires faramineux, dont, du reste, les politiques ont commencé à tirer un motif pour rajuster les leurs. Les médias ont tendance à taire les vices du *star system*. Ils ménagent pas mal les artistes du monde du spectacle. Ils encensent régulièrement des livres ou des films qu'ils n'ont pas encore lus ou visionnés. Les sections des nouvelles de police restent peu critiques quant à l'action et aux méthodes de nos «valeureux sergents-détectives». On lit, ici et là, des chroniques sur la publicité, sur les voyages, sur les restaurants et sur les gadgets qui sont bien enjôleuses, bien ratoureuses.

Si la presse appliquait à ces secteurs — le sport, les spectacles, les activités de la police, etc. — les

mêmes critères d'appréciation qu'elle applique maintenant quand elle traite d'affaires politiques, judiciaires, sociales et, de plus en plus, économiques, les
consommateurs de nouvelles légères ne s'y retrouve-
raient plus. Remarquez qu'on a raison de ne pas
rechercher, dans un journal écrit ou parlé, que de la
nouvelle lourde.

Les médias médiatisent. Sous leurs projecteurs,
devant leurs jumelles ou sous la loupe de leurs titres
crus, le moindre objet devient énorme. Et ce qu'ils
taisent passe facilement pour de la vertu. En même
temps qu'ils sont d'inquiétantes manufactures de
vaches sacrées dans certains secteurs, ils dépouillent
brutalement, comme la foudre, les gaffeurs qui, en
certains autres secteurs d'activité, se croyaient en
sécurité sur leur piédestal.

❑

Le mythe qui enveloppait la magistrature canadienne et québécoise à ce jour traduisait, comme tout
mythe, une pensée confuse. Il s'y mêlait en effet, dans
un désordre particularisé, des idées et du vrai, de
l'admiration et de l'affectivité, des passions (la
crainte, entre autres), de vagues reflets du père, des
réflexes ressortissant au sacré, voire à la magie. Peut-
être aussi l'image évanescente d'une sorte de cocon
doucereux où, dans l'enfance de ce pays, se prenaient
discrètement — entre le maire, l'évêque ou le curé, le
juge ou l'avocat, l'organisateur politique, le médecin
de la place, le chef de l'industrie locale, la poire et le
fromage — les décisions qui marqueraient la collectivité.

Il y a enfin, dans la célébration liturgique des juges, un peu de ce que Stendhal nomme, dans le processus amoureux, un travail de *cristallisation*: l'esprit tire prétexte de tout ce qui se présente pour orner de mille perfections la personne estimée.

Tant que les mass-media, sur le chapitre de l'administration des tribunaux, se faisaient l'écho des confidences de la police plus que des auditions ou des dossiers judiciaires, les juges restaient plutôt à l'abri. Il suffit, pour s'en convaincre, de comparer là-dessus la pratique journalistique d'une grande ville et celle d'une petite.

Ceux qui avaient une connaissance immédiate et directe des travers des juges, de leurs gaffes, de leurs erreurs ou de leurs mots déplacés, c'est-à-dire les avocats, se taisaient et se taisent toujours. D'abord parce qu'ils auront à plaider encore devant eux dans l'avenir. Ensuite parce que la critique ouverte d'un juge pourrait nuire aux clients qu'ils représentent. Enfin parce que leur ordre professionnel leur commande de «soutenir la magistrature» — une injonction dont ils retiennent le sens militaire.

En revanche, le processus récent de démythification de la magistrature n'a rien à voir avec un caprice des médias. Toute démythification est conditionnée par des mutations existentielles et sociales qui, soudainement, font apercevoir la relativité du mythe. Des lézardes commencent à apparaître, qui distinguent le contenu du mythe et ses formes ou ses procédés. L'Église du Québec en sait quelque chose, dont le prestige séculier a coulé à pic en quelques années, le temps qu'on passe d'un gouvernement libéral à un autre gouvernement libéral.

Il faut rappeler d'entrée que toute démythification est positive. Le formidable décapage du cortège des divinités grecques après Solon dans la démocratie naissante du VIᵉ siècle avant notre ère a ouvert, avec les premiers philosophes occidentaux et Platon en particulier, à une conception autrement plus élevée du divin. De même, le démantèlement du *star system* du cinéma hollywoodien standard, au tournant des années soixante, a permis au cinéma américain et mondial de prendre un essor véritable en s'appuyant désormais sur les créateurs.

La démythification de la magistrature a l'avantage de faire apercevoir les qualités réelles des bons magistrats — et il n'en manque pas. Les médecins de qualité, comme les avocats compétents et consciencieux, ne sont pas fâchés de voir enfin révélés les talents douteux ou les escroqueries de certains des leurs. Cela pince comme une piqûre durant quelques secondes, mais cela nettoie le paysage et permet d'accroître, à terme, la confiance des citoyens dans l'une et l'autre profession.

Enfin, le dévoilement des mécanismes réels du système judiciaire et de son processus de décision permet d'y crever plus rapidement, grâce à la transparence de la discussion publique, les abcès qui, naguère, pourrissaient et l'empoisonnaient indéfiniment.

Mais, trêve de généralités! Quels sont les facteurs qui sont à modifier la perception qu'a le public de la magistrature?

❑

La discussion tout à fait récente, et singulière à souhait, sur le prix des places de stationnement des juges a révélé un débat de fond décisif qui hélas! se gâte au Québec faute d'avoir été clairement cerné. Il porte sur le principe, cardinal en démocratie, de l'indépendance judiciaire.

Le litige des places de stationnement n'en est qu'un épisode parmi d'autres qu'il importe cependant de rapprocher et de comparer entre eux. Ajoutés les uns aux autres, plusieurs incidents apparemment mineurs, sinon amusants, finissent par former une trame de dérapages successifs dans le discours public de la magistrature, qui endommage l'image de celle-ci tout en semant la confusion dans l'opinion publique. Tel sera l'objet d'un premier coup de sonde, intitulé un peu pompeusement, il est vrai, «Autopsie d'un faux pas».

Dans un deuxième temps, je m'appliquerai à dégager, sous le titre «L'apparition des solidarités nouvelles», l'évolution de l'opinion publique qui ne fait que commencer à s'élaborer à partir d'une série d'«affaires» récentes impliquant des juges.

Il n'est pas question de relater par le menu ces affaires déjà amplement médiatisées, sauf pour en révéler à l'occasion quelques aspects inédits. L'intention est plutôt d'en dégager les paramètres d'une sensibilité nouvelle de l'opinion à l'égard de la magistrature.

Il fallait enfin reparler, dans ce contexte de crise larvée, des rapports inévitables entre la magistrature et les médias, «ces emmerdeurs». Sans la presse, le travail du pouvoir judiciaire resterait celui d'une vaste usine cachée au fin fond des océans et enveloppée

d'un silence abyssal qui en compromettrait de manière décisive la mission sociale et politique.

Le contentieux actuel entre les médias et la
magistrature appelle l'examen de quelques questions
vivement débattues: la recherche du sensationnalisme
et le reproche d'ingérence chronique dans les affaires
judiciaires en cours. Face à des médias qui se considèrent à la fois comme des outils de la démocratie et
comme des agents libres, les juges se sentent un peu
piégés par leur «devoir de réserve».

De nombreux acteurs du milieu juridique pensent que les rapports de plus en plus tendus qu'entre-
tient leur univers particulier avec la population est le
fait des médias. Mais il faudra bien un jour que les
yeux se dessillent: les juges, comme les avocats, ont
actuellement un gros problème, non point avec les
médias, mais avec la population. Les médias expriment ce contentieux; ils ne l'ont en rien créé. En blâmer la presse d'information, c'est jouer à l'autruche.

À travers ce triple regard sur l'actualité toute
chaude qui met en cause nos juges, je ferai voir, pour
finir, un au-delà du mythe où pourraient se réconcilier
une magistrature vraiment indépendante, une opinion publique éclairée et des médias conscients du
rôle difficile qu'il leur revient de jouer.

I

Autopsie d'un faux pas

Il en va de la sensibilité d'une société un peu comme de celle d'un individu: la notion de «seuil» apparaît centrale. Parce qu'elle est un composite complexe, la première montre plus de tolérance que le second. Il en faut plus à une collectivité qu'à un individu pour en avoir ras le bol de ceci ou de cela. Mais quand une collectivité est dégoûtée de quelque chose, l'effet est foudroyant, soudain et définitif. Le seuil est dépassé, il n'y a plus rien à faire pour un bon moment.

Quelques exemples bien connus. Les beuglements de Jean Chrétien pendant dix ans aux nouvelles télé: il a dû changer de ton. Les Warriors mohawks qui jouaient la carte des victimes. Le sourire public de Gérard-D. Levesque après son budget-héritage. Le Parti conservateur de Brian Mulroney et de Kim Campbell à l'automne 1993. Les agresseurs de femmes après le carnage de Polytechnique.

Les injonctions de Jean-Paul II sur la contraception. Le harcèlement sexuel au travail. Une augmentation de salaire pour les sénateurs. Une nouvelle intervention télévisée du président Yves Prudhomme, de la Fraternité des policiers de Montréal. Une grève dans le transport en commun. Une taxe excessive sur le tabac. Les finasseries politiques et l'outrecuidance du Beu-de-Matane, ci-devant ministre de la Santé du Québec. Le tabassage de citoyens par la police. *Et cætera.*

Le phénomène n'a rien à voir avec l'idéologie de la rectitude politique (*political correctness*), cet œuf abstrait pondu dans des campus américains par des intellectuels stériles et indolents en robe de chambre. C'est plus simplement un phénomène affectif, une question de seuil, un ras-le-bol généralisé. À partir d'un certain point, ça ne passe plus. Le problème de certains personnages publics, comme de certains groupes, c'est qu'ils manquent de flair: ils ne savent plus quand s'arrêter, quand cesser d'en remettre. Soudain, un pas de trop, et personne ne veut plus rien savoir.

Au début de ses interventions-chocs, la juge Andrée Ruffo, du Tribunal de la jeunesse, fut accueillie avec sympathie. Comme un courant d'air frais tout d'un coup. Mais quand le public a senti dans son regard le souci de la caméra et le prix honteusement démesuré (bien plus que ce qu'on a révélé à la télé) qu'il avait payé pour sa défense, il a cessé tout net de jouer, et le phénomène a sombré dans la marginalité. Le défunt cardinal Paul-Émile Léger s'est un jour heurté au même mur. On appelle cela les limites de l'authenticité étudiée.

1. Le débat des juges sur les juges

Ceux qui gravitent autour des tribunaux au Québec vous diront que le vent a vraiment changé brusquement quand le corps des juges — Cour d'appel, Cour supérieure et Cour du Québec réunies — a entrepris, à la fin de juin 1992, de contester l'augmentation brutale, absurde et unilatérale imposée par Daniel Johnson, alors président du Conseil du Trésor dans le gouvernement Bourassa, des frais de stationnement des juges.

Le coût de leurs places de stationnement, annonçait vachement une décision du Conseil du Trésor datée du 25 février précédent, passerait soudainement, le 1er juillet, de 39,60 $ à 137,20 $ par mois: une augmentation massive de 246 p. 100.

L'autopsie de l'incident est tout à fait passionnante. Elle est significative, elle en dit long. Si la magistrature avait eu la moindre sensibilité politique ou, si l'on veut, le moindre flair social, elle eût pu faire annuler rapidement cette décision stupide et antidémocratique en procédant comme tous les groupes sociaux, c'est-à-dire en mettant l'opinion publique dans le coup, en exposant franchement sa cause et en recourant aux outils habituels de la vie démocratique.

Mais quand on est juge, s'est-on dit sans doute, on essaie de s'arranger autrement. On cherche plutôt à s'entendre en coulisses, «entre nous». Les juges tentent alors de rallier à leur cause le ministre de la Justice du gouvernement libéral, Gil Rémillard. Celui-ci exprime un vague accord avec les juges. Mais ces derniers avaient mal apprécié la valeur, déclinante à l'époque, de l'étoile de M. Rémillard dans l'*inner circle* du bunker de Québec. Il leur fait faux bond. Premier raté.

Alors les juges préparent un «grand coup». Ils mandatent pour les représenter l'un des meilleurs

UN NUMÉRO DE CIRQUE

Le 1er juin 1988, la Sûreté du Québec arrête G.-A. R., de Boucherville, qui conduit son véhicule en état d'ébriété. La date d'un procès sommaire est fixée d'entrée*. Entre cette date et la fin de mai 1991 (trois ans!), il ne s'est rien passé, car le procès fut quinze fois reporté.

Tantôt la défense n'a pas le temps, tantôt le même avocat ne peut se présenter, en raison de mortalité dans la famille, tantôt le tribunal se dit «engorgé». On assigne des témoins, on les désassigne, on les réassigne pour rien. On court plusieurs fois à la salle de pratique ensuite pour fixer de nouvelles dates, que personne ne respecte.

En trois ans, l'accusé a «passé» dix juges différents — le tiers des juges de la Chambre criminelle —, dont un six fois... Et le procès n'a toujours pas eu lieu. L'accusé a eu affaire à onze procureurs différents de la Couronne, dont quelques-uns à plusieurs reprises.

Après trois ans, le nouvel avocat de G.-A. R., Me Claude Melançon, plaide qu'il faut libérer l'accusé sans procès, car «le Système» a fait trop longtemps traîner les choses...

Le juge Pierre Brassard a jugé que ces arguments étaient pleins de bon sens. Il a libéré aussitôt G.-A. le 30 mai 1991. Qui paie pour des «singeries» pareilles?

---

* Cour du Québec à Montréal, dossier n° 500-01-010771-886.

plaideurs du Québec, l'avocat Raynold Langlois, qui est toujours entré par la grande porte au sommet du cénacle politique libéral de Québec. Le 29 juin 1992, les juges du Québec réunis réclameront, devant un des leurs siégeant en Cour supérieure, une injonction pour empêcher d'autorité Québec d'imposer la hausse dramatique des frais de stationnement.

L'injonction provisoire est accordée le lendemain par le juge Pierre Tessier. Quant à la requête en injonction permanente, qui sera plaidée l'année suivante devant le juge Jean Frappier, du même tribunal, elle exige non seulement le gel du tarif alors en vigueur, mais l'abolition pure et simple de tous frais de stationnement pour les juges.

Ce n'est pas tout. En optant pour la manière forte, les juges présentaient leur litige successivement à l'examen de deux de leurs propres collègues de la Cour supérieure, qui disposaient tous les deux d'une place de stationnement subventionnée. Mis à part le droit d'agir ainsi, il résulterait de la détermination de ce litige, pour chacun des juges saisis de l'affaire, une perte ou un gain de quelque 1 640 $ nets par an.

Comment croire, après cet incident, les grands discours de la magistrature sur le droit de chacun, inscrit dans nos chartes, à un procès devant un tribunal «indépendant et impartial»? Et comment croire désormais ces autres grands discours, sans cesse rabâchés, sur la nécessité de préserver même l'*apparence* de justice, ainsi que le formule le vieux précepte de Lord Hewart?

Avec un minimum d'imagination, les deux parties au litige auraient pu s'entendre pour le faire déterminer par un groupe d'arbitres indépendants. En fait, la Cour supérieure l'a demandé formellement au gouvernement, qui a bêtement refusé comme s'il cherchait délibérément à diminuer ainsi la crédibilité de la magistrature aux yeux du public. Mais sur ce point, les juges n'auraient jamais dû taire les faits dans l'opinion publique. Car tout fléchissement de la crédibilité de l'appareil judiciaire est toujours un mal pour la société démocratique.

Les munitions des juges

Toujours est-il que les juges ont gagné leur pari. Le 23 septembre 1993, le juge Jean Frappier donne raison aux juges sur toute la ligne: le prix du stationnement ne sera pas gelé; le stationnement sera dorénavant entièrement gratuit. Le gouvernement porte aussitôt le litige devant la Cour d'appel, où il pend toujours.

Quels arguments les juges décident-ils d'invoquer au soutien de leur revendication? Ils remettent en cause, d'abord, la compétence du Conseil du Trésor de prendre une telle décision, laquelle reviendrait plutôt de droit au ministre de la Justice.

Ce premier argument technique est fort intéressant, sauf que le ministre de la Justice, l'un des défendeurs qui, dans le présent litige, réplique aux arguments des juges, ne s'est pas prononcé bien fort sur la question au moment où elle lui avait été posée.

Au président du Conseil du Trésor, en effet, le ministre Gil Rémillard écrivait le 12 mai 1992 que les juges protestent contre l'augmentation décrétée et il expose très succinctement leurs arguments. Il ajoute que l'argumentation des juges «démontre éloquemment» qu'une exception devrait être reconnue dans leur cas. Mais il termine en précisant qu'il reste «à [sa] disposition... pour en discuter avec [lui]».

On peut se demander par quelle sorte d'acrobatie intellectuelle le juge Frappier réussit à lire dans cette lettre même l'ombre de la queue de l'affirmation que, par là, M. Rémillard «a clairement indiqué... qu'il refusait d'appliquer... le décret» du Conseil du Trésor[1]!

Les juges ont plaidé en outre, et avec succès, que l'imposition de frais de stationnement, en l'occurrence leur augmentation, constituait une manière indirecte et déguisée de réduire leur traitement ou de leur dicter la façon de le dépenser.

Assurément, les citoyens ordinaires sont affligés de voir les trois ordres de gouvernement, par les temps qui courent, réduire systématiquement leurs revenus chaque année au moyen de hausses d'impôt ou de taxes nouvelles, de frais ajoutés ou de déductions abolies. Mais les citoyens ordinaires ne sont pas des juges, auxquels la Constitution canadienne garantit l'«indépendance judiciaire». Et tel est l'argument massue qu'ont fait valoir en deuxième lieu les juges, avec succès encore une fois.

Le principe de l'indépendance judiciaire

La loi fondamentale du pays prévoit en effet la séparation des pouvoirs — législatif, exécutif et judi-

---

1. Voir *Claude Bisson et al. c. Procureur général du Québec*, (1993) *Recueil de jurisprudence du Québec*, 2873 (Cour supérieure de Montréal, le 23 septembre 1993), décision du juge Jean Frappier.

LA QUALITÉ TOTALE:
QUELQUES CHIFFRES

Gardant en mémoire la règle selon laquelle un juge délibère généralement au plus six mois avant de trancher un litige civil ordinaire, le lecteur appréciera la célérité des délibérés suivants du juge Michel Côté, de la Cour supérieure de Montréal — toutes décisions rendues entre l'été 1992 et les premiers mois de 1993:

- Affaire Alcide Courty: 44 mois;
- Affaire Morsico International: 43 mois;
- Affaire Michel Biscotti: 43 mois;
- Affaire Bélanger c. Farmer: 41 mois;
- Affaire Frank B. Common: 35 mois;
- Affaire Atelier La Flèche de fer: 32 mois;
- Affaire Misener Shipping: 28 mois.

ciaire — et aménage des mécanismes destinés à empêcher toute ingérence, directe ou indirecte, du pouvoir
politique dans le secteur judiciaire.

Or nos lois prévoient trois garde-fous principaux
à l'indépendance des juges. Le premier est l'inamovibilité des juges. Il ne faut pas que le pouvoir politique
puisse les déloger à son gré, suivant ses caprices. Il
s'agit de la permanence dans la fonction (*tenure*), à
condition, précise la Loi constitutionnelle de 1867,
qu'ils montrent «bonne conduite». Un juge peut être
destitué pour mauvaise conduite, mais la loi prévoit
des précautions fort rigoureuses.

La deuxième assise de l'indépendance du pouvoir
judiciaire tient dans la garantie de la «sécurité financière» des juges. Il faut éviter que l'autorité politique,
législative ou exécutive, puisse faire chanter la magistrature. Aussi le traitement des juges, leurs allocations
et leurs régimes de pension doivent-ils être prévus,
fixés d'avance par la loi, payés par l'État et ils ne
doivent pas être sujets aux ingérences arbitraires du
pouvoir exécutif.

Le troisième garde-fou est l'indépendance *institu-
tionnelle* des tribunaux quant aux questions adminis-
tratives qui ont un effet sur l'exercice des fonctions
judiciaires. La loi canadienne prévoit que c'est le
Québec qui a la responsabilité de l'*administration* des
tribunaux sur son territoire.

Même si Ottawa paie la rémunération des juges
des cours supérieures (Cour d'appel et Cour supérieure), le Québec a l'obligation constitutionnelle de
financer la gestion de ces tribunaux dans la province.
À ceux-ci comme aux tribunaux dont les juges sont
de nomination provinciale (ceux de la Cour du

Québec, par exemple), Québec doit assurer le soutien administratif, c'est-à-dire fournir aux juges ce qui est nécessaire à l'accomplissement de leurs fonctions: palais de justice, salles d'audience, personnel de soutien, etc.

N'importe qui comprend qu'il serait injuste pour les juges d'avoir à payer de leur poche le salaire de leur secrétaire ou la location des salles d'audience où ils ont à siéger. Les juges d'ici prétendent cependant qu'un stationnement *gratuit* est indispensable à leur «indépendance judiciaire». Mais l'indépendance judiciaire a-t-elle beaucoup souffert du fait qu'au cours des quinze dernières années les juges ont payé leur stationnement?

Et pourquoi pas aussi les complets et les tailleurs gratuits (car un juge doit se garder de siéger tout nu), une voiture de fonction (un juge doit se rendre à son travail), un fauteuil supplémentaire à la maison (dans lequel il pourra poursuivre, en soirée, la lecture d'un dossier)...

Quant à l'inamovibilité des juges en regard du gouvernement, il est difficile d'imaginer, dans notre société, une position qui offre davantage de sécurité! Qu'est-ce qui la menace? Aucun juge d'une cour supérieure au Canada n'a encore été destitué depuis la Confédération; quelques-uns, il est vrai, ont toutefois démissionné d'eux-mêmes quand ils ont senti la soupe chaude.

De toute manière, les règles déontologiques qui encadrent la magistrature ne prévoient, nulle part au Canada, pour un accroc à l'éthique, de sanctions intermédiaires (amendes, suspensions sans solde, etc.) entre les deux extrêmes que sont la simple réprimande ou la destitution, cette dernière étant assortie de conditions si difficiles à réaliser qu'elle reste improbable.

Enfin, les juges se sont appliqués à établir la nécessité pour eux de disposer d'un espace de stationnement *sécuritaire* à proximité des palais de justice. Des représailles sont toujours possibles de la part de justiciables mécontents d'une décision judiciaire. C'est un argument de poids. Mais les citoyens ordinaires ont peine à comprendre le rapport entre cet impératif de sécurité et un stationnement soudainement et totalement *gratuit*.

La province devrait-elle payer aussi en totalité, sans contribution du juge, les médicaments qui sont souvent indispensables au bon fonctionnement d'un magistrat souffrant d'une maladie chronique? Lui refuser cet avantage, ce pourrait être le menacer indirectement de mort ou d'invalidité et, partant, s'ingérer de la plus odieuse façon dans l'exercice du pouvoir judiciaire...

Cette bataille politique des juges pour leurs places de stationnement n'a pas édifié l'opinion publique. Elle créait notamment l'impression d'une insensibilité notoire aux graves problèmes économiques qui accablaient alors à peu près tout le monde: presque chaque ménage était le témoin affligé et immédiat d'une perte d'emploi, d'un gel de salaire ou d'une baisse dramatique de son pouvoir d'achat.

Les générations montantes, dont l'avenir a été littéralement volé par les plus vieux, étaient et sont toujours laissées pour compte, brûlant leur jeunesse à des emplois précaires et sous-payés. Les gouvernements, comme les entreprises, annonçaient pour l'avenir immédiat de dramatiques coupures de postes, des projets de tickets modérateurs à tous les détours du paysage.

Les juges ne pouvaient choisir pire moment pour livrer cette épreuve de force avec Québec.

Quand Québec fait le jars

À première vue, le gouvernement, qui donnait en Cour supérieure la réplique aux arguments des juges, jouait la carte de l'ironie grâce au grand talent de l'avocat montréalais Pierre Bourque. Québec paraissait jouir là-dessus d'une longueur d'avance dans l'opinion.

Pourtant, il faut le dire, les principes que Québec mettait en avant étaient, sur l'essentiel, parfaitement loufoques. Cesser de subventionner les places de stationnement des juges n'était qu'une «simple question de rationalisation économique» et de «saine gestion des fonds publics»?

Mais allez y voir! Par son inaction chronique en matière judiciaire, Québec depuis longtemps tolère, dans l'administration quotidienne des tribunaux, un gaspillage éhonté de millions de dollars chaque année en honoraires d'avocats privés payés en trop; il contraint, en même temps et par le fait même, ses propres employés à un gaspillage innommable de temps et d'énergie à brasser inutilement du papier et du vent dans les palais de justice, simplement pour permettre à un bon nombre d'avocats, à force de faire traîner leurs causes, d'encaisser souvent sans aucun mérite des honoraires payés par les fonds publics. Il va sans dire que leur présence parasitaire a pour effet d'engorger le système, aux dépens des justiciables et des contribuables.

Si Québec s'estime subitement prêt à gérer sagement les deniers publics, il pourrait commencer par mettre ses culottes en réévaluant la tarification des avocats de pratique privée offrant des services à l'Aide juridique. En comparaison, la recherche d'une économie de 340 000 $ par année sur le dos des juges fait sourire même les crocodiles!

Quand on songe que le ministère de la Justice du Québec n'a pas l'élémentaire bon sens, en 1994, d'équiper chaque secrétaire de juge d'un ordinateur doté d'un logiciel de traitement de texte, alors que le travail des juges et de leurs secrétaires consiste pour une très large part à écrire, on se demande où le ministre a la tête.

Car s'il est un gouvernement où le moindre fonctionnaire est équipé des gadgets les plus modernes en matière d'informatique, c'est bien le gouvernement libéral actuel! Les comptes publics des huit dernières années sur le chapitre de l'équipement informatique et du renouvellement continuel, époustouflant même, des «parcs d'ordinateurs» sont proprement ahurissants. C'est à se demander s'il n'y a pas, quelque part, un travailleur d'élections libéral qui négocie, comme on dit, dans l'informatique.

Prenons un exemple au hasard, celui du ministère de la Justice du Québec. Entre février 1989 et octobre 1990, donc en vingt et un mois, le ministère de M. Gil Rémillard a acheté pour ses fonctionnaires plus de deux cents mini-ordinateurs avec composantes, pour un total de 1 137 004,21 $, ce qui représente des dépenses moyennes de 54 143 $ par mois!

TIENS, TOI!

Le procès criminel de P.-A. P., homme d'affaires de Boisbriand, s'était terminé le 30 mars 1984. Il restait au juge Benjamin Schecter à rendre jugement. L'homme était accusé de fraudes totalisant 95 000 $, de vols et d'abus de confiance*.

Le 16 mai 1986, le juge «niaisait» toujours avec la rondelle: depuis deux ans et deux mois, il était revenu exactement quinze fois en cour (et avait chaque fois convoqué les parties) pour dire qu'il n'avait pas eu le temps de se décider.

Ce jour-là, l'avocat de l'accusé se fâche et invite le juge à laisser la place à un autre juge s'il ne sait comment rendre jugement. Après tout (ou avant tout!), la Charte des droits prévoit que tous ont le droit d'être jugés dans des délais raisonnables, qui sont en l'occurrence depuis très longtemps largement dépassés.

Pas question! réplique le juge. «Justement», il se proposait de rendre jugement ce jour-là! Mais comme l'avocat de l'accusé vient de lui faire perdre sa belle «sérénité» judiciaire, explique-t-il, il reporte son jugement au mardi suivant.

Est-il besoin de préciser que le 20 mai 1986, le juge Schecter a établi que l'accusé était très très coupable?

_____

* Cour des sessions de la paix de Montréal, dossier n° 500-01-000576-808.

On peut comprendre les juges d'en avoir eu ras le bol de leurs vieux clavigraphes, d'autant plus que l'augmentation imposée, d'un coup sec et sans étalement, de leurs frais de stationnement — de 1 200 $ par an — était sauvage et inopportune. On peut comprendre les juges de n'avoir nullement le goût de se faire traiter en personnel de seconde zone par des ministres incohérents.

Mais aussi justifié qu'il l'était de réagir, le corps des juges a néanmoins joué la mauvaise carte publique en se désolidarisant une fois de plus de l'opinion et en recherchant des prétextes idéologiques et des méthodes peu crédibles pour justifier et asseoir sa réplique.

2. «Indépendance judiciaire» et confusion intellectuelle

Le discours public des juges en faveur de l'«indépendance judiciaire» témoigne parfois d'une étonnante confusion, qui n'aide en rien à leur cause dans l'opinion publique. Quelques exemples précis et récents illustrent bien le fait.

À quoi rimaient, à l'automne 1989, les prises de position officielles des juges du Québec évoquant haut et fort l'indépendance judiciaire? Vous ne le croirez point. À la *parité* salariale, pardieu! Le clan s'était donné la main — le temps de cette bataille publique — et réclamait à cor et à cri de porter le traitement des juges de la Cour du Québec à égalité de celui de leurs collègues des cours supérieures. La revendication visait Québec, qui paie le traitement des premiers, le salaire des seconds étant versé par le gouvernement fédéral.

Au début de septembre, lors de la cérémonie d'ouverture de la saison judiciaire, le juge en chef de la Cour d'appel du Québec, M. Claude Bisson, s'était permis une sortie presque incendiaire à ce propos. Les juges de la Cour du Québec touchaient alors un traitement annuel de 90 354 $, ce qui représentait tout de même une augmentation de 15 000 $ (soit un hausse de 20 p. 100) en regard de leur traitement deux ans plus tôt.

Et que réclamait pour les juges, en septembre 1989, le corps de la magistrature, unanime? La parité avec le traitement des juges de nomination fédérale (133 083 $, à l'époque), soit une augmentation subite de 43 446 $ ou 48 p. 100. Disons-le en passant, les juges qui sollicitaient un accroissement aussi brusque et substantiel du traitement des juges provinciaux sont les mêmes qui se scandaliseront, trois ans plus tard, de l'augmentation de 100 $ par mois, d'un coup sec, de leurs frais de stationnement. Mais la question n'est pas là.

Pour se montrer bons princes, les juges de la Cour du Québec se contenteraient toutefois, annonçaient-ils, d'un modeste ajustement de 27 p. 100, qui porterait leur salaire à 114 930 $.

Il faut reconnaître que l'argument des juges en faveur d'un rajustement n'était guère dépourvu de sens. Ils s'inquiétaient d'abord de l'écart croissant entre le traitement des juges de nomination fédérale et celui des juges de nomination provinciale. L'écart était de 17 000 $ en 1984. Il atteignait 29 258 $ en 1988, puis 32 484 $ en 1990 et, enfin, 42 308 $ en

1992 et 1993. En 1994, les juges nommés par Ottawa reçoivent un traitement de 155 800 $ et les autres, 113 492 $.

Mais réduire l'écart est une chose. La *parité* est un tout autre concept, surtout quand on fonde celui-ci, comme on le faisait alors, sur le principe de l'«indépendance judiciaire»!

Un écart trop large risque de limiter l'entrée à la Cour du Québec et aux cours municipales de Montréal, Québec et Laval de candidats d'envergure. Les cours supérieures puisent en effet dans le même bassin d'avocats. Des conséquences vicieuses sont alors à prévoir, à terme, telle l'apparition d'une «petite justice», éventuellement moins compétente en regard de prestations de meilleure qualité aux paliers supérieurs. Bref, un écart trop grand peut devenir une incitation structurelle à une qualité moindre et à l'aménagement de deux «classes» de juges. À vue de nez, du reste, un écart de 30 000 $ à 40 000 $ était et reste manifestement indécent.

Mais si la qualité de la rémunération des juges, de quelque nomination qu'ils soient, a un lien direct avec le concept de l'«indépendance judiciaire», la notion de «parité», elle, trahit un tout autre discours.

En droit, l'égalité de traitement n'implique nullement l'uniformité. Ainsi, l'égalité ou l'inégalité salariale peut être évaluée d'après des critères rationnels et mesurables, telle la valeur relative des tâches. En revanche, le mythe de la parité appartient au vocabulaire syndical et à la rhétorique de la négociation.

En droit, les femmes revendiquent l'égalité de traitement en regard des hommes pour des tâches comparables. Mais c'est une tout autre chose pour les employés d'une entreprise ou d'un organisme gouvernemental de réclamer la parité salariale avec ceux d'une organisation rivale, même comparable.

Précisons qu'une étude préparée par une firme d'experts en rémunération, en juin 1993, a enfin examiné la valeur comparée des tâches des juges de la Cour du Québec et celles de leurs collègues de la Cour supérieure. L'enquête concluait qu'il était raisonnable que les juges de la Cour supérieure touchent une rémunération plus élevée que ceux de la Cour du Québec en raison de la différence sensible des tâches. Mais les mêmes experts ajoutaient que l'écart actuel entre les deux ordres de traitements était plus grand que ce que justifiait la seule évaluation des emplois.

Aussi le Comité consultatif chargé par le gouvernement du Québec d'examiner le traitement des membres de la Cour du Québec recommandait, dans son rapport à Québec le 1er août 1993, qu'on accorde aux juges provinciaux un facteur de rattrapage graduel de 9,69 p. 100 entre l'été 1993 et l'été 1995, de manière à atteindre le chiffre de 124 500 $ comme point de départ des augmentations futures. Précisons que le régime de retraite actuel des juges de la Cour du Québec, qui n'exige pas de contribution de leur part, représente un ajout de 6 p. 100 au traitement[2].

Fonder l'idée de la «parité» salariale sur le principe de l'«indépendance judiciaire» était enflure verbale, pure rhétorique. Il était, d'ailleurs, d'autant plus

---

2. Voir *Rapport et recommandations du Comité consultatif chargé d'étudier la rémunération, le régime de retraite et les autres avantages sociaux des membres de la Cour du Québec*, présenté au ministre de la Justice du Québec, Gouvernement du Québec, 1993.

amusant d'entendre, en 1989, les représentants des cours supérieures défendre le principe de la parité des salaires en faveur des juges provinciaux que les premiers aiment bien regarder de haut les seconds.

Au début de l'hiver 1993, par exemple, des juges de la Cour supérieure de Montréal se sont vivement offusqués de ce que la direction de la Cour d'appel leur ait proposé, bien spontanément et bien naïvement, de suivre, en compagnie de leurs collègues de la Cour du Québec — quelle horreur! — les mêmes sessions d'initiation au nouveau Code civil du Québec...

Un autre détail piquant mérite d'être relevé, toujours à l'occasion de la «crise salariale» de septembre 1989. Afin de protester contre l'hésitation du gouvernement Bourassa à ajuster leur traitement à la hausse, les juges de la Cour du Québec avaient choisi d'exercer des moyens de pression en débrayant pour une «journée d'étude». Pour l'occasion, les juges avaient décrété qu'il s'imposait de garder néanmoins ouvertes, à Montréal, *sept* salles d'audience en matière criminelle. Tel était l'hommage à rendre aux «services essentiels».

Quand, toutefois, les fonctionnaires syndiqués du palais de justice ont abandonné leurs postes pour une journée d'étude la semaine suivante, protestant contre le piétinement des négociations avec le gouvernement provincial, les mêmes juges ont décrété unilatéralement que *toutes* les salles d'audience en matière criminelle devaient à tout prix, au nom des services essentiels, rester ouvertes! Un cheval, un lapin. En somme, une belle occasion manquée pour les juges de tenir un discours public cohérent.

LA JUSTICE À LA CAMPAGNE

P. R. subissait en 1993, devant la juge Raymonde Verreault alors à la Cour du Québec, un procès pour agression sexuelle*. Le procès commence le 11 mai. La juge en fixe la suite aux 9 et 10 septembre. Mais le 9 septembre, elle se décommande au dernier moment, au mépris des parties. Pourquoi? Malade? Que non!

Elle ne s'en est guère cachée: ce jour du 9 septembre, il lui fallait s'occuper de sa luxueuse demeure de campagne, en Estrie, qui figurait parmi une dizaine de petits châteaux de bien nantis sur les rives du lac Memphrémagog offerts à une visite d'émerveillement qui coûtait 50 $ par curieux. Ces «dons de charité» méritaient un reçu pour déduction fiscale.

Les organisateurs de la visite avaient vendu 450 billets au profit de l'Orchestre métropolitain de Montréal. La juge Verreault ne pouvait donc siéger ce jour-là. Et l'Orchestre avait préséance sur les justiciables.

Le procès de P. R. put donc reprendre le lendemain et se terminer le même jour. Mais ni le 22 ni le 26 octobre Mme Verreault n'était prête, débordée par ses prévisions, à rendre jugement. Ce fut donc reporté au 16 novembre. De toute manière, qu'est-ce qui pressait tant? L'accusé n'était-il pas détenu préventivement, nourri, logé et transporté aux frais de l'État à chaque apparition à la cour?

---

* Cour du Québec à Montréal, dossier n° 500-01-015604-926.

Mais la promotion parfois échevelée de l'«indépendance judiciaire» ne s'arrête pas à ces menus incidents de septembre 1989. Quelques autres dérapages, depuis lors, méritent aussi d'être signalés.

L'étendard de la « syndicalisation »

À son assemblée extraordinaire du 23 avril 1994, la Conférence des juges du Québec avait fièrement mis à l'ordre du jour le brouet que voici: «Faudra-t-il aller jusqu'à la syndicalisation?» L'organisme réunit à titre volontaire la plupart des juges de nomination provinciale.

Rapportée par le quotidien *La Presse* (édition du 13 avril 1994), la nouvelle fut accueillie par une opinion publique devenue complètement hilare: quand ceux-là qui précisément exercent le pouvoir (judiciaire, en l'occurrence) songent à se syndiquer, on se demande *contre qui* ils désirent le faire! Peut-être les autorités politiques souhaiteront-elles bientôt se syndiquer aussi afin de se protéger des contribuables, leur «employeur».

Mais pourquoi plusieurs juges de la Cour du Québec cherchent-ils à se syndiquer? Au reporter de *La Presse*, Yves Boisvert, le vice-président de la Conférence des juges du Québec, le juge Paul Grégoire, déclare que c'est pour «faire pression» sur le pouvoir politique. Le lecteur l'aura deviné, les juges sont insatisfaits de leur salaire.

En août 1993, un comité indépendant, agréé par les parties, avait recommandé deux augmentations successives de 3 p. cent pour l'année en cours (à 116 896 $) et pour 1994 (à 120 403 $), puis de

3,69 p. 100 en 1995. Or Québec n'a pas bougé parce que la caisse est vide, pour les juges comme pour tous les autres citoyens.

Mais les juges paraissent incapables de comprendre ce langage concret. Ils clament qu'ils ne forment pas un «groupe de travailleurs» comme les autres. Ils ne sont surtout pas, insistent-ils, de simples fonctionnaires. Du même souffle, cependant, ils comparent, la jalousie dans l'œil, leur traitement et celui des hauts fonctionnaires du Québec.

Comme tout bon syndicat qui se respecte, ces juges comparent aussi leur rémunération avec celle des juges de nomination provinciale des autres provinces canadiennes. Ici, les juges du Québec se classent au troisième rang, après l'Ontario (124 425 $) et très légèrement en deçà des juges albertains (472 $ de moins). Voilà donc un autre beau sujet de récrimination. Après la parité absolue et sans nuances avec l'Ontario, les juges pourront rechercher la parité avec les juges du Koweït, de l'Afrique du Sud ou du Pakistan…

Le plus comique dans cette menace de «syndicalisation» est qu'elle s'accompagne d'un discours devenu hystériquement revendicateur d'«indépendance judiciaire». On se demande en vertu de quelle logique peuvent se réconcilier ces deux requêtes — ou bien il faut se persuader, en se grattant le chef, que les juges provinciaux ont simplement choisi de participer eux aussi au gémissement général et, comme à l'accoutumée, au mauvais moment.

De toute manière, les juges de nomination provinciale devraient, pour être honnêtes, présenter à la population l'ensemble du tableau de leur rémunération. Au salaire (113 492 $) il fallait ajouter, au printemps 1994, la contribution annuelle de l'État à leur régime de retraite (22 619 $), auquel les juges ne contribuent en rien depuis 1990; la participation gratuite à un régime d'assurance collective (10 069 $ en 1994); le versement, par l'État, de leur cotisation au Régime des rentes du Québec, au Régime de l'assurance-maladie et à celui de la sécurité et de la santé au travail (5 590 $), leur prime de fonction (1 200 $ par an) et le fait qu'ils n'ont pas à payer de cotisation au fonds de l'assurance-chômage.

En fait de victimes, la société québécoise a vu pire.

La «souveraineté» judiciaire

La mi-juin 1993. Dans une décision rendue par la Cour supérieure de Montréal à propos de l'aptitude du tribunal administratif qu'est la Régie des permis d'alcool du Québec à former, en raison de ses structures, de sa composition et de son indépendance par rapport à l'exécutif provincial, un «tribunal impartial», le juge Jacques Vaillancourt profite du sujet pour lancer quelques phrases-chocs[3].

Le juge concède que l'«indépendance judiciaire *absolue* n'existe pas», puisque les juges dépendent du pouvoir exécutif pour leur nomination, la fixation et l'augmentation de leur rémunération, la durée de

---

3. Voir l'affaire *2747-3174 Québec inc.* c. *Régie des permis d'alcool du Québec*, (1993) *Recueil de jurisprudence du Québec*, 1877 (Cour supérieure de Montréal, le 15 juin 1993), décision du juge Jacques Vaillancourt.

leurs fonctions et leur pension. Si, d'autre part, Québec doit, par obligation constitutionnelle, assurer au pouvoir judiciaire une indépendance relative sur le plan institutionnel en lui fournissant le soutien administratif nécessaire, c'est loin d'être le fait au Québec, croit constater le juge (p. 1897).

Il abandonne alors toute sérénité et toute réserve pour s'en prendre directement, et de la plus cinglante façon, à la personne même du ministre libéral du temps, M. Gil Rémillard:

> Pour le ministre de la Justice, l'indépendance judiciaire institutionnelle *n'existe toujours pas*, et il fait fi, sciemment ou non, de la doctrine et de la jurisprudence (p. 1899).

Rappelons que les juges livraient alors leur grande bataille en faveur des places de stationnement gratuites. Cette semaine-là, justement, par le plus curieux des hasards, les juges plaidaient ces mêmes principes contre le gouvernement provincial, devant leur collègue Jean Frappier de la Cour supérieure, en faveur du stationnement totalement gratuit pour les juges! En passant, peut-on imaginer accroc plus transparent et plus résolu à la règle du *sub judice*?

Afin de mieux stigmatiser les pratiques trop chiches de Québec, le juge Vaillancourt, donc, loue par contraste les mécanismes mis en place par Ottawa en 1981 pour réexaminer périodiquement le traitement des juges. Emporté dès lors par ce sujet nouveau et inattendu, galvanisé par l'enthousiasme, le juge Vaillancourt ne parle plus de l'«indépendance judiciaire», mais bien de «la *souveraineté* du judiciaire» (p. 1899).

Surprenante, cette dernière tournure, et peut-être inédite. Elle se comprend mieux à la lumière de ce qui suit:

> *Les gains obtenus* par le judiciaire au niveau de l'indépendance institutionnelle depuis la Confédération *sont très minces*, ce dont il ne faut pas se surprendre si on considère [...] que ceux qui ont le plus d'intérêt à *ce que l'indépendance judiciaire demeure figée* comme à l'époque de 1867 sont ceux qui précisément *devraient céder le contrôle qu'ils détiennent sur lui* pour qu'elle se réalise... (p. 1899).

Ce discours est ahurissant. Il signifie que l'indépendance judiciaire inscrite comme un principe dans la loi fondamentale du Canada est une sorte de germe (ou de grain de sénevé?) qui doit croître toujours davantage au fil des ans. L'indépendance des juges doit réaliser des «gains» constants... Le juge s'exprime comme un syndicat qui cherche à arracher à l'employeur, un à un, des pouvoirs de gérance, ou comme une province en guerre contre le pouvoir central.

Imaginons un moment les entreprises de presse, rappelant que la Loi constitutionnelle de 1982 leur garantit la liberté d'expression, dont celle «de la presse», prétendre sérieusement que cette liberté fondamentale doive réaliser des «gains» constants et soit appelée ou promise à un développement exponentiel... L'avocat qui plaiderait une telle position devant un tribunal ne vaudrait pas cher à sa sortie de cour.

Une idée pareille implique pour ainsi dire qu'il existe quelque part dans le ciel un Grand Sac Infini de droits et de libertés fondamentales, dans lequel chacun pourrait piger indéfiniment...

Or chacun sait qu'une loi qui se propose d'accorder le maximum de droits au maximum de gens ne change rien à un fait fondamental: le droit que la loi donne ou concède un peu à l'un, elle le soustrait un peu à l'autre. Dans la vie réelle, les droits sont toujours les droits *de quelqu'un*. Si les juges ne paient pas leurs places de stationnement, quelqu'un d'autre les paiera pour eux. Et ce quelqu'un, ondoyant et divers, se connaît bien.

Les propos du juge Vaillancourt ne sont pas équivoques: l'indépendance judiciaire doit progresser jusqu'à ce que ceux qui gèrent les deniers publics le leur «cèdent» comme ils «devraient» le faire.

Est-ce là le chemin vers la *souveraineté* judiciaire?

Enfin, si les droits individuels garantis par la Charte constitutionnelle doivent être conçus pareillement, soit comme des droits en expansion constante, jusqu'où devrait s'étendre, pour n'évoquer que quelques exemples, le droit de chacun «à la vie» et «à la sécurité de sa personne», ou, pour les personnes qui éprouvent des problèmes à financer leurs places de stationnement, le droit à un procès devant un tribunal «impartial»?

Des sanctions problématiques

La pratique des comités de déontologie chargés d'examiner la conduite des juges sur le plan disciplinaire est relativement récente, sinon encore en période de rodage. Le Conseil canadien de la magistrature se charge de recevoir et d'examiner les plaintes déposées contre des juges de nomination fédérale et le Conseil de la magistrature du Québec en fait autant pour celles qui visent des juges de nomination provinciale.

Les lois qui ont créé ces deux conseils prévoient, dans les cas où la plainte contre un juge est retenue, seulement deux sanctions possibles: ou bien une simple réprimande, ou bien une requête en destitution, assortie au Québec d'une demande par le gouvernement d'une audition en ce sens en Cour d'appel.

C'est au nom de l'indépendance judiciaire qu'on a réduit à deux sanctions extrêmes, l'infiniment légère et l'infiniment lourde, l'action pénale des conseils de la magistrature. On estime en effet que la possibilité d'imposer une sanction intermédiaire, telle une amende ou une suspension temporaire sans traitement, autoriserait l'ingérence politique: par exemple, un gouvernement pourrait porter plainte contre un juge afin de se venger d'une décision qui lui aura déplu.

Ces préoccupations contiennent sans doute une part de vérité. Mais le régime actuel des sanctions rend incrédible dans sa racine même la portion quasi judiciaire de l'action disciplinaire des conseils, en même temps qu'il travestit, dans l'opinion publique, l'idée même de «sanction».

Tout le monde sait d'avance que bien des écarts de langage de la part de juges, surtout quand il s'agit d'un fait isolé, ne méritent guère la destitution; mais une simple réprimande pour une remarque non seulement déplacée, mais grossière et totalement irresponsable, comme celle du défunt (juin 1994) juge Denys Dionne («Toute règle est faite... comme les femmes, pour être violée»), est parfaitement risible.

UN INCITATIF À LA FRAUDE

Sous les allures d'un «producteur de films», B. F. était un fraudeur professionnel. En 1993, avec un avocat de Montréal, il avait ourdi une fraude de quelque 50 000 $. Arrêté en Jamaïque l'année suivante, il se fait délateur de l'avocat, plaide coupable et reçoit une sentence de quatre mois de prison.

Dès qu'il est condamné, on découvre qu'il avait fraudé dix-huit autres personnes pour une somme de de 123 300 $. Il plaide coupable aussitôt, en 1985, devant le juge Marc Lamarre, de la Cour du Québec.

Or, plutôt que de prononcer la sentence, comme le commande la loi, le juge la reporte de mois en mois, 77 fois pendant plus de... cinq ans. Pourquoi? Mais pour donner à B. F. la chance de rembourser ses victimes, parbleu!

Après cinq ans — on est en février 1991 —, l'accusé n'a remboursé que 65 000 $. Mais pour le «récompenser de son bel effort», le juge prononce un sursis et libère B. F. du solde de 58 300 $ qu'il lui resterait normalement à payer.

Or comment avait-il réussi à rembourser 65 000 $ en 1988-1989? Il avait commis, pour ce faire, une nouvelle série de fraudes, dont il fut accusé en mai 1991*. Et la roue continue de tourner.

---

* Cour du Québec à Montréal et à Longueuil, dossiers nos 500-01-004002-843; 500-01-002236-856; 505-01-001343-918.

Les arguments invoqués contre l'établissement de sanctions intermédiaires ne résistent pas long-temps à l'examen. D'abord, présumer que celles-ci ouvriraient la porte à des manigances du pouvoir politique, c'est supposer en premier lieu que ces conseils sont incapables de se tenir debout et, en second lieu, que les médias sont totalement absents du paysage.

On fait valoir ensuite qu'une sanction intermé-diaire créerait pour un juge une sorte de casier disci-plinaire qui réduirait sa crédibilité quand il occupera à nouveau son siège. Le joli sophisme! Un juge qui reprend ses activités judiciaires après avoir été stigma-tisé dans l'opinion publique, puis «puni» par ses pairs au moyen d'une simple réprimande pour un cas d'inconduite qui méritait, à l'évidence, une sanction plus sévère, a encore moins de crédibilité qu'un juge qui aurait encaissé comme un grand garçon ou une grande fille une sanction juste et adéquate. De toute manière, un justiciable qui aurait des raisons de crain-dre que ce juge ne soit impartial dans sa cause n'a qu'à lui demander de se récuser. La Charte canadienne des droits et libertés a grandement facilité la procédure de récusation.

Il ne manque pas de voix pour soutenir que le fait pour un juge d'être simplement *traduit* devant le Conseil de la magistrature pour inconduite, c'est «déjà lui infliger une peine considérable» et marquer définitivement sa carrière... Sans doute! Mais ce nou-veau sophisme, on l'entend tous les jours en cour cri-minelle à l'étape des arguments sur sentence: «Mon client a été déjà assez puni par la publicité négative que lui ont faite les médias...»

Il faudra bien un jour que les hommes et les femmes publiques, comme les gens ordinaires, s'avisent, avant de céder au crime ou de fléchir en matière disciplinaire, qu'on pourra parler d'eux. Il est aberrant de voir — et on le voit souvent — un tribunal criminel lésiner sur sa mission pénale en invoquant des articles d'information dans la presse au sujet d'un accusé. Ce ne sont point là des «facteurs atténuants» d'une faute!

Quoi qu'il en soit, écarter les sanctions intermédiaires pour les juges, contrairement à tous les autres tribunaux professionnels, relève d'une conclusion qui n'est reliée par aucun degré de nécessité au principe de l'indépendance judiciaire. Si la magistrature tient absolument à vivre avec cette pratique inusitée, il lui faudra vivre, là encore, avec la crédibilité déficiente qui affecte et affectera, de ce fait, les conseils de la magistrature.

Mon *régime de retraite...*

Certains juges tirent du principe de l'indépendance judiciaire des conclusions étonnantes. Voici par exemple un juge de la Cour supérieure du Québec qui, en 1991, a demandé, pour lui-même et sa compagne, une séparation de corps. Le litige consistait essentiellement pour le tribunal à décider de la division du patrimoine familial.

Ce patrimoine comprenait les droits, accumulés par le juge durant le mariage, relatifs à son régime de retraite. La femme réclamait ici sa part. Le Code civil est clair là-dessus: ces droits font partie du patrimoine, sauf exception prévue par la loi.

Or, tenez-vous bien: le procureur du juge a plaidé le plus sérieusement du monde que la Loi (fédérale)

sur les juges ne crée pas vraiment pour ceux-ci un
«régime de retraite». Même si la loi citée dit expressément que «le gouverneur général en conseil *accorde
une pension aux juges*» (article 42), il faudrait, semble-
t-il, lire ce texte à l'envers...

Les indemnités de retraite accordées aux juges,
plaidait le même procureur, constitueraient plutôt
une partie de leur traitement. — Comment ça? —
Mais parce que la pension constitue une conséquence
logique et une application pratique du principe de
l'autonomie *absolue* du pouvoir judiciaire par rapport
au pouvoir politique!

Le juge François Chevalier qui instruisait l'affaire
en Cour supérieure a souri: «J'avoue candidement
entretenir des doutes sérieux quant à la valeur de cet
avancé», écrira-t-il sobrement dans sa décision du
27 septembre 1991. Surtout que la pension que reçoit
un juge — les deux tiers de son traitement ou 104 000 $
par an en 1994, pour les juges de nomination fédérale
—, il n'y a contribué en rien par un apport monétaire
personnel. Ni les gouvernements, du reste, par l'intermédiaire de quelque caisse de retraite: les montants
versés sortent purement et simplement du Trésor
public ou du Fonds consolidé de la province.

Si le juge Chevalier a finalement écarté du patrimoine familial les droits accumulés par le juge au registre de sa pension, c'est pour un tout autre motif.

«Indépendance judiciaire» ou retour à la monarchie?

Voici un dernier exemple de dérapage au nom de
l'«indépendance judiciaire». Au mois de février 1994,

lors d'une assemblée de l'Association du Barreau canadien à Jasper, en Alberta, le juge André Brossard, de la Cour d'appel du Québec, prend la parole à titre de président de la Conférence canadienne des juges.

Le juge Brossard rend alors compte des «préoccupations» de la magistrature. Il traite d'abord de la rémunération des juges et de leur pension dans la perspective de l'«indépendance judiciaire».

Sur ce chapitre, il se plaint, et assez amèrement, de ce que le gouvernement canadien, qui nage dans les déficits astronomiques comme un poisson rouge, ait gelé unilatéralement, sans préavis ni discussion, à 155 800 $, en 1993 et 1994, le salaire des juges payés par Ottawa. Le juge en conclut que le volet «sécurité financière» de l'indépendance judiciaire est dès lors «très fragile»...

Le juge Brossard se plaint en outre que le mécanisme de révision triennale des avantages financiers consentis aux juges, afin de prendre régulièrement en compte l'inflation et la progression parallèle des revenus des avocats les plus qualifiés, est loin de fonctionner à plein régime: avant d'imposer le gel actuel des salaires, Ottawa n'a même pas recueilli l'avis de cette commission triennale.

L'orateur y voit même une situation d'urgence: «Le gouvernement ne peut plus attendre» (*Government cannot wait any longer*). Or un tel déblocage est «essentiel», dit-il, à l'exercice de la fonction judiciaire... Il explique en effet qu'il ne suffit pas, pour respecter le principe de l'indépendance judiciaire, d'assurer la sécurité financière des juges; il faut en outre *que ceux-ci sentent* qu'ils sont financièrement en sécurité (*It is indeed essential [...] that judges be, and also feel to be, financially secure...*). On peut se demander jusqu'où doit aller cette dernière dimension, toute subjective, du problème.

Cela étant dit, le juge Brossard a raté une belle occasion de mettre les points sur les *i* à propos d'une autre grotesque couillonnade du gouvernement conservateur de Brian Mulroney à l'endroit de la magistrature. Tenez-vous bien: les juges de nomination fédérale avaient eux-mêmes recommandé à la fameuse commission triennale un gel de leurs propres salaires en 1993-1994. Or, le jour précédant le début des auditions de celle-ci, le gouvernement fédéral décrète, s'empressant de tirer de son côté la couverture de la vertu, qu'il ignorera les recommandations de la commission! Une démarche aussi crasse de sa part est innommable.

Toujours est-il que le juge Brossard, se faisant l'écho, dit-il, de la magistrature à propos du concept de l'«indépendance judiciaire», insiste sur l'idée que le principe va plus loin que la protection du pouvoir judiciaire par rapport à l'ingérence éventuelle des gouvernements. Le pouvoir judiciaire doit encore être à l'abri «de la pression de l'opinion publique, des concepts de rectitude politique (*political correctness*), des médias et des lobbies».

Cela commence à faire pas mal de monde. Faut-il comprendre que l'«indépendance judiciaire» ne saurait être assurée tant que les citoyens pourront encore s'exprimer librement et publiquement sur les questions de l'heure qui sont en même temps débattues — durant de nombreuses années, à cause des interminables délais! — devant les tribunaux, c'est-à-dire sur absolument tous les sujets qui sont actuellement d'intérêt public?

Le juge Brossard précise qu'un juge ne doit pas être placé dans une situation où il pourrait craindre que ses décisions judiciaires n'«attirent la critique» de la part d'individus, ou de groupes publics, ou des gouvernements. Les juges ne devraient pas non plus, ajoute-t-il, avoir à souffrir le calvaire et hériter du fardeau de justifier leurs décisions judiciaires devant quelque comité de déontologie[4].

Qu'un juge, par exemple, laisse poireauter un justiciable, à grands frais pour celui-ci, pendant trois, quatre ou sept ans après le procès en négligeant de rendre jugement, cela ne devrait pas faire l'objet de critiques publiques et encore moins de plaintes disciplinaires... Nous voilà donc soudainement propulsés sur une autre planète.

On comprend M. Brossard de craindre que certains juges, par peur de l'opinion publique, n'en viennent à formuler leurs décisions de la manière la plus sibylline possible, voire à adopter des positions complaisantes face aux idées à la mode.

Mais si les personnes auxquelles la société démocratique confie la difficile tâche de trancher les litiges entre ses membres ou ses groupes n'ont pas la charpente assez robuste et l'esprit assez indépendant pour remplir leurs fonctions avec impartialité et avec la plus grande objectivité possible, sur quelles qualités, dès lors, les juges fondent-ils leurs revendications sala-

---

4. Voici le texte original du passage: «A judge must not be placed in a situation where he or she fears that his or her judicial ruling will attract criticism from some individual or some public group or from the legislative or executive branches of Government or make him or her liable to be put through the agony and expenses of justifying his or her judicial ruling to some disciplinary body.»

riales, leurs privilèges et les «gains» indéfinis qu'ils seraient en droit de réaliser quant à leur sécurité financière?

L'indépendance d'esprit d'abord

L'indépendance judiciaire — financière, institu-tionnelle et, avant tout, garantie par la permanence — présuppose une indépendance certaine d'esprit chez les juges. Les citoyens sont en droit de penser que leurs juges, qui ne sont pas appelés à ces tâches à l'âge tendre, ne forment pas un club de girouettes impressionnées par la rhétorique du moindre collectif de ceci ou de la ligue de cela qui se manifeste dans le paysage. La plupart des juges que je connais person-nellement — et que j'admire, et ils sont nombreux — sont d'ailleurs de cette trempe.

Pour toutes les raisons évoquées, la Conférence canadienne des juges rejette, dit le juge Brossard, la pratique qui place, parmi les membres d'un comité de déontologie examinant la conduite d'un juge, des représentants neutres du public. — Pourquoi? — Parce que, dit-il, ces «laïcs» pourraient être tentés d'apprécier la conduite d'un juge à la lumière des «idées à la mode» plutôt qu'en regard de la règle du droit.

On croit rêver. Et les jurys alors? Si l'on suit ce raisonnement alambiqué, et pour s'assurer que triom-phe toujours et partout la règle du droit, il faudrait donc exclure les médecins des comités de discipline de la Corporation des médecins, les infirmières des comités de discipline de l'Ordre des infirmières, les policiers des comités de déontologie de la police, etc.

En vérité, on pourrait presque penser que seuls les juges, les avocats et les notaires devraient conserver un droit de parole dans la société.

Accédant littéralement, ici, au rang de mythe, l'indépendance judiciaire devrait, à la rigueur et parce qu'il y a toujours un juge quelque part qui délibère sur quelque chose, faire taire, par exemple, ces groupes de femmes qui s'appliquent à sensibiliser la police et les tribunaux à la violence faite aux femmes. Ou encore sacrifier sur l'autel de l'indépendance judiciaire le discours public de tous les justiciables qui en ont marre de voir des juges tolérer, souvent avec complaisance et en silence, de la part des plaideurs qui se présentent devant eux, la multiplication, financièrement et socialement ruineuse, de démarches judiciaires stériles et inutiles ou l'ajout indéfini de délais et de remises aux délais et aux remises.

En toute justice pour les propos tenus par le juge Brossard à Jasper en février 1994, il importe de souligner qu'il n'affirme pas moins que les juges doivent rendre compte de leurs décisions et de leur conduite en cour, aussi bien que de leur conduite à l'extérieur de celle-ci.

Mais, ajoute-t-il, pour qu'une critique à cet égard soit recevable, il faut que la décision judiciaire critiquée soit sans appel ou de dernier ressort et que la critique soit honnête et objective. On y reviendra plus loin. Mais la suite de l'intervention du juge, qui se prononce fort sévèrement sur le rôle de la presse et du Barreau québécois dans l'affaire de la juge Raymonde Verreault en janvier 1994, soulève la question suivante: Quand devient «sans appel» et «définitive» la conduite d'un juge qui échappe en cour une remarque déplacée ou prend une décision de gestion judiciaire discutable?

C'est, en règle générale, le fait de signaler publiquement ce genre d'incidents qui entraîne des poursuites disciplinaires! Tant que l'affaire n'est pas ébruitée et même si elle est parfaitement connue dans le milieu juridique, personne ne bouge. Le Barreau et les juges en chef moins que tout autre. Les exemples sont nombreux, on y viendra.

3. L'indépendance administrative ou institutionnelle

Quand ils entendent les juges revendiquer, face au gouvernement provincial, une plus grande autonomie administrative au nom de l'indépendance institutionnelle de la magistrature, les citoyens ne peuvent se retenir de s'interroger sur la manière dont les juges usent de l'autonomie qui leur est accordée.

Le dernier rapport que le Vérificateur général du Québec, M. Guy Breton, a déposé à l'Assemblée nationale le 1er décembre 1993 n'est pas uniformément élogieux à propos de la manière dont la magistrature gère sa part des fonds publics.

La plupart des reproches du Vérificateur s'adressent au ministre de la Justice du Québec et à ses services, qui contrôlent mal plusieurs aspects de leur gestion. Mais sur certains chapitres, la gestion autonome des juges laisse aussi à désirer.

Ainsi, les juges ne rendent pas compte de la tâche de leurs quelque 450 secrétaires, des fonctionnaires du ministère qui sont à leur disposition et qui sont payés par Québec. Les juges exercent peu de contrôle sur la charge de travail de ces employés, constate le Vérificateur. La productivité des secrétaires n'est pas évaluée. Le gouvernement et le public qui paie doivent-ils fermer les yeux au nom de la protection de l'indépendance judiciaire?

Depuis la bataille politique de la magistrature contre Québec à ce sujet en 1986, des protocoles ont été signés entre la Cour du Québec et la Direction générale des services judiciaires du ministère de la Justice. Or, il est évident, aux yeux du Vérificateur, que le rendement de travail des secrétaires des juges de ce tribunal est inférieur aujourd'hui à la norme prévue aux protocoles.

Québec avait tenté en 1986 de réduire le nombre des secrétaires des juges des cours provinciales de une par juge à une pour trois juges. Le ministère de la Justice désirait également réduire le nombre d'huissiers-audienciers (un «crieur» par salle d'audience) et transformer ces employés en un service de messagerie plus mobile, plus fonctionnel et moins coûteux.

Les juges de la Cour provinciale (de l'époque), soutenus activement en cela par leurs collègues de la Cour supérieure venus allégrement à leur secours, s'étaient élevés furieusement contre ces mesures, allant jusqu'à demander à deux des leurs, et à en obtenir autant, des injonctions pour empêcher Québec d'agir. Toujours au nom de l'indépendance judiciaire. Québec — ou le ministre de la Justice de l'époque, Herbert Marx, nommé ensuite juge de la Cour supérieure — avait finalement négocié une solution médiane.

À l'occasion de ce crêpage de chignons judiciaire, on avait entendu, dans un corridor, l'un de ces huissiers-audienciers expliquer fort gravement et à très haute voix à un policier du palais de justice de

Montréal que «les gens» pensent bien à tort que les crieurs ne servent qu'à «transporter les verres d'eau». Et il précisait, cinglant comme s'il venait de visser à fond le nombril de son interlocuteur: «Et si le juge échappe ses lunettes, qui, sans nous, les ramassera?»

Un autre crieur a raconté qu'il avait déjà fait partie de ses fonctions d'aller, le samedi, tondre gratuitement la pelouse de «son» juge. Enfin, dans le débat plus récent sur la gratuité des places de stationnement des juges, le procureur de ceux-ci appelait à sa rescousse l'histoire: le shérif n'allait-il pas, dans sa voiture à cheval, cueillir, aux frais de l'État, le juge à sa descente du train? Dans la même veine, on pourrait également rappeler que lorsqu'il voyageait à Québec, l'ancien archevêque de Gaspé, le célèbre Mgr Bernier, ordonnait au train rapide du Canadien national Montréal-Halifax de s'arrêter à l'Île-Verte, le temps qu'il aille prendre un café avec un curé ami.

Le 31 mars 1994, quatre juges de la Cour du Québec, respectivement de Trois-Rivières, Sept-Îles, Rivière-du-Loup et Rimouski, demandent à l'un de leurs collègues de la Cour supérieure, le juge Armand Carrier de Rimouski, une injonction provisoire pour enpêcher d'urgence que leurs secrétaires ne soient supplantées (*bumpées*) par des fonctionnaires ayant déjà leur permanence. Et, comble de l'équité, l'injonction provisoire fut accordée, à l'encontre du gouvernement du Québec, sans que ce dernier ne fût même entendu.

Assurément, chacun peut comprendre les difficultés susceptibles d'affecter le travail d'un juge qui perd une secrétaire ayant longtemps collaboré avec lui. Celle-ci pourrait être remplacée par une personne moins familière avec ce genre de travail. C'est un peu le même — très très grave — problème que rencontre une secrétaire qu'on affecte à un juge nouvellement désigné... Les humains ordinaires ont l'habitude de composer avec ces contingences de la vie quotidienne; mais les juges, non.

Surtout, le recours à l'injonction — en catimini, par surcroît, comme si le feu était en la demeure — contribue en l'occurrence à ravaler de nouveau l'appareil judiciaire à un rôle de sinistre bouffon. La démarche des juges ne fait que saper tant le principe de l'impartialité des tribunaux que celui de l'indispensable apparence de justice. Quand les juges prendront conscience du caractère grotesque de leur conduite, ils pourront toujours en blâmer la presse.

Quant aux arguments mis en avant par les juges en question, ce sont toujours les mêmes, invoqués à tort et à travers: l'«indépendance judiciaire», «la sérénité et la tranquilité d'esprit» requises par le travail de juge — tous motifs qui, selon les juges du Bas-du-Fleuve, seraient censés primer les conventions collectives des employés de l'État, les ententes existant depuis 1991 entre Québec et ses juges et, enfin, le gros bon sens.

Une gestion discutable

Les juges ont bien des plaintes à exprimer au sujet de la manière dont Québec assure la gestion des services aux tribunaux. Mais la gestion des juges laisse aussi souvent à désirer. Par exemple, le Vérificateur général constate aujourd'hui que la gestion des salles d'audience, souvent laissée à la magistrature, est gravement déficiente.

Il n'est pas sans intérêt de rappeler qu'au printemps 1991, alors que la Chambre criminelle de la Cour du Québec à Montréal réclamait de la province un nombre accru de juges et de salles d'audience, les bilans du Service de l'enregistrement mécanique au palais de justice révélaient les chiffres édifiants que voici, que j'ai compilés au hasard à la fin du mois d'avril.

En matière criminelle, sur quelque trente-cinq salles disponibles, quatre étaient totalement inutilisées le 28 mars et quatre autres pour des périodes variant de 1 heure 22 minutes à 2 heures 48 minutes seulement. Le 2 avril suivant, dix de ces salles étaient occupées de 6 minutes à 3 heures, et cinq autres montraient une occupation zéro. Le 11 avril, six salles restaient entièrement inoccupées et dans quatre autres, la durée d'occupation variait de 19 minutes à 1 heure 39 minutes.

Quand on connaît ce qu'il en coûte au mètre carré pour occuper un espace de bureau au centre-ville de Montréal... Mais les données citées ne sont que du petit lait en regard des espaces réservés aux chambres civiles de la Cour supérieure et de la Cour du Québec à Montréal pour la même période. Il s'agit ici d'une cinquantaine de salles:

DATE	NOMBRE DE SALLES	DURÉE D'OCCUPATION
28 mars 1991	21	zéro
	35	moins de 3 h
	6	moins de 90 m
2 avril 1991	17	zéro
	34	moins de 2 h 40 m
	7	moins de 90 m
11 avril 1991	13	zéro
	32	moins de 2 h 55 m
	7	moins de 90 m

De son côté, le Vérificateur général remarque en 1993, dans l'ensemble des cours du Québec, un taux d'occupation tournant le plus souvent autour de 50 p. 100 et variant, dans l'ensemble, entre 40 et 68 p. 100.

L'examen du Vérificateur relève également une gestion déficiente des délais d'audition tant au civil qu'au criminel et, dans ce dernier secteur, un manque de contrôle quand au nombre des remises (on atteint ici un taux moyen de 45 p. 100 des causes à l'ordre du jour). La magistrature est loin d'être seule en cause en l'occurrence; mais comme chacun est le maître dans sa salle d'audience, les juges ont leur part de responsabilité dans la sous-utilisation de l'équipement, des locaux et du personnel de soutien.

Enfin, le Vérificateur énonçait quelques constats peu édifiants quant à des bavures relatives aux frais de fonction (dépenses remboursables) de certains juges de la Cour du Québec. Le budget total des frais de fonction s'élevait à quelque 1,2 million de dollars pour l'exercice financier 1992-1993.

Ainsi, un juge a imputé à ses frais de fonction, de 1 200 $ par an, en les étalant sur plusieurs années, les frais de 5 600 $ qu'il avait engagés pour son *party* d'assermentation. De même, le Vérificateur constate que les réclamations de frais de voyage des juges provinciaux ne comportent aucune autorisation de paiement signée par le juge en chef. Y va-t-il vraiment encore de l'indépendance judiciaire?

Par ailleurs, bon nombre de juges imputent à leurs frais de fonction le prix d'un habit et en obtiennent le remboursement. La raison invoquée? Les Règles de pratique de la Cour du Québec stipulent qu'un juge doit porter un complet foncé en cour quand la toge n'est pas rigueur. Si Québec accepte de rembourser ce type de dépense de fonction, c'est qu'un décret gouvernemental prévoit maintenant que «les frais d'achat et d'entretien des vêtements dont le port est exigé par la Cour» sont remboursés aux juges.

❑

Autant le principe de l'indépendance de la magistrature est l'une des clés de voûte de l'organisation d'une société démocratique, autant les conclusions pratiques qu'en tirent parfois certains ténors de la magistrature apparaissent discutables, sinon incompréhensibles.

À Jasper, en février 1994, le juge Brossard s'inquiétait de ce que le principe de l'indépendance judiciaire fût «de plus en plus mal compris dans notre société». Mais tant que le discours public des juges mêlera ce thème à toutes les sauces comme une idéologie prête à justifier tantôt la parité salariale, tantôt la gratuité d'un espace de stationnement, tantôt une indexation plus ou moins automatique du traitement, tantôt le remboursement des complets et des robes ou le maintien de crieurs qui dorment en cour en attendant que les verres d'eau se vident... peu de gens y comprendront quelque chose.

Le débat politique pénible entre la province et la magistrature auquel assistent, médusés, depuis près de dix ans les citoyens du Québec, montre que les torts ne sont pas tous du même côté.

On se rappellera qu'au printemps 1986, lors de la bataille des juges pour conserver toutes leurs

secrétaires, le gouvernement avait soudainement proposé, sans multiplier les consultations, de diminuer de
quatre millions de dollars le budget du soutien à la
magistrature. Et en plein cœur du débat judiciaire à ce
propos, des esprits forts au sein du ministère de la
Justice du Québec, dotés d'intentions obliques,
s'étaient appliqués à couler de manière crasse à
l'agence Presse canadienne des enquêtes bidon, farcies
de fausses données, sur le rendement des secrétaires des
juges. Il existe dans les officines gouvernementales à
Québec bien des petits caporaux qui ne peuvent supporter l'idée d'avoir à fournir aux juges un soutien
administratif sans aller y fourrer leur nez pour tout
gérer.

Du côté de la magistrature, en contrepartie, le
discours public, qui hélas! tend à ne se faire entendre
qu'en période de crise ou de compétition ouverte avec
les gouvernements, laisse trop souvent percer une
inquiétude qui paraît obsessionnelle quant aux salaires des juges et transparaître une sensibilité un peu
froide et distraite à propos des conditions de vie réelle
des citoyens ordinaires.

Or ces citoyens ordinaires sont ceux qui, par
leurs deniers, contribuent au financement de l'appareil judiciaire. Un appareil auquel, par surcroît, l'immense classe moyenne, qui finance également les services de l'Aide juridique pour les plus démunis, n'a
même pas accès.

Assurément, la magistrature forme un monde à
part de la fonction publique. Mais elle ne vit pas dans
un monde à part. Une insensibilité trop affichée à la
raréfaction actuelle des fonds publics et à l'appauvris-
sement progressif de la masse des contribuables est un

phénomène aujourd'hui mieux connu et relativement bien décrit[5].

Quand la classe des quarante ans et plus tirera sa révérence après avoir accumulé les déficits publics afin de s'assurer des postes bien rémunérés, des conditions de travail en béton et un avenir tout verni, il ne restera plus que des dettes pour les jeunes qui espèrent, contre toute espérance, se faire, eux aussi, une place dans la vie.

---

5. Voir, par exemple, François Ricard, *La génération lyrique. Essai sur la vie et l'œuvre des premiers-nés du baby-boom*, Montréal, Boréal, 1992.

LE PRINCE EST OCCUPÉ...

En janvier 1986 décède subitement l'entrepreneur Germain Trottier, le mari de Mme Jeannine. Comme les associés du défunt refusaient de payer à la veuve une somme de plus de 50 000$ qu'ils devaient au mari en vertu d'une convention d'associés, Mme Trottier s'adresse à la Cour supérieure de Montréal dès 1986.

Le procès n'aura lieu qu'en 1990. Le juge Michel Côté instruit l'affaire, qu'il prend en délibéré — et pour rien de moins que vingt mois — du 4 décembre 1990 au 25 août 1992*.

Toutes ces années, la dame a dû se contenter de vivoter de sa maigre pension de veuve. Sa voiture était très usée, mais elle n'avait pas un sou pour en acheter une autre.

Le juge Côté lui a finalement donné raison. Mais pour l'éreinter complètement — elle était âgée de soixante-deux ans à l'été 1992 —, les associés du défunt mari ont décidé de porter la décision en Cour d'appel.

* Cour supérieure de Montréal, dossiers n°s 500-05-001832-862.

II

L'apparition de solidarités nouvelles

Depuis la fin des années quatre-vingt, les citoyens du Québec sont confrontés à un phénomène nouveau concernant le traitement des plaintes disciplinaires contre des professionnels, et en particulier contre des juges de nomination provinciale.

Jusque-là, il était très rare que le public eût vent d'une plainte disciplinaire instruite contre un juge. Au milieu des années soixante-dix, le départ forcé, en catastrophe, du juge en chef de l'ancienne Cour des sessions de la paix, M. André Fabien, avait ébranlé l'opinion.

Dix ans plus tard, le Conseil de la magistrature du Québec accueillait, à huis clos, une douzaine de plaintes émanant toutes de l'Association des avocats de la défense de Montréal contre le juge André Chaloux, de la même Cour des sessions. On lui reprochait sa raideur avec les accusés et avec plusieurs de leurs procureurs. Homme de bonne volonté, vaillant et fort coloré, ancien officier de l'armée, le juge avait horreur de la bêtise. Il épargnait soigneusement le représentant de la Couronne, qu'il appelait, le sourire en coin, «mon bras droit». Il fut réprimandé à la fin de 1985, toujours à huis clos.

C'est la saga judiciaire de la juge Andrée Ruffo, nommée en 1986 au Tribunal de la jeunesse, qui a déclenché, par pur hasard cependant, le mouvement vers un changement d'attitude. Son style original, pour dire le moins, une suite de décisions controversées, puis une série de déclarations publiques peu discrètes au sujet de causes qu'elle avait eues à juger ont amené le Conseil des services sociaux de la région Laurentides-Lanaudière à «élaborer un dossier» sur son activité judiciaire et extra-judiciaire. L'organisme déposait au Conseil de la magistrature du Québec, en juin 1988, une cinquantaine de plaintes touchant sa conduite.

Les comités de discipline sortent de l'ombre

Quand éclate cette affaire, le Conseil de la magistrature du Québec, depuis sa création en 1978, examinait et jugeait encore toujours à huis clos les plaintes reçues. Quand vint l'heure d'y instruire l'affaire Ruffo, le quotidien The Gazette, avec l'appui de l'intimée elle-même, fit casser par la Cour supérieure, au nom de la Charte canadienne des droits et libertés, la décision du Conseil de maintenir sans nuances son habitude d'auditions à huis clos. C'était à la fin de 1989.

Entre temps, le gouvernement Bourassa avait, le 1er septembre 1988, choisi d'ouvrir au public et à la presse les sessions des comités de discipline des quelque quarante corporations professionnelles de la province.

Une fois réprimandée par le Conseil de la magistrature pour sa conduite — en septembre 1990 —, la juge Ruffo fut, dès le mois suivant, visée par de nouvelles plaintes, émanant cette fois de son juge en chef, M. Albert Gobeil. Essentiellement, celui-ci lui reprochait d'avoir répliqué publiquement à la réprimande du Conseil, de même qu'il se plaignait d'autres interventions qualifiées d'intempestives à propos de la directive, que lui avait donnée le juge en chef en mars 1989, de s'abstenir de toute participation et de tout commentaire publics à propos du tribunal où elle siégeait, du rôle qu'y joue le juge, de la qualité des ressources publiques accordées à la mission de la jeunesse et de leur utilisation. Il interdisait en outre à la juge Ruffo de participer à des levées de fonds auprès du public. Enfin, le juge Gobeil se plaignait d'une intervention de la juge dans un dossier particulier.

Par une multitude de recours à la Cour supérieure, puis à la Cour d'appel et maintenant à la Cour suprême du pays, la juge Ruffo a vivement contesté la plupart des démarches entreprises contre elle, dont les plaintes, toujours pendantes, du juge Gobeil, qui heurtent, selon elle, sa liberté d'expression et sont, dans leur teneur et leur formulation, partiales.

L'ouverture au public des travaux disciplinaires du Conseil de la magistrature du Québec fut déterminante pour la suite des choses. Dans les douze mois qui ont suivi décembre 1989, le Conseil, désormais mieux connu des justiciables, a reçu et accueilli pour enquête une variété de plaintes disciplinaires, entre autres contre les juges Claude Léveillé, de Granby, Denys Dionne et Marc Lamarre, de Longueuil, tous les trois de la chambre criminelle de la Cour du Québec.

Plusieurs des plaintes déposées furent instruites publiquement, tandis que le Conseil en rejetait plusieurs autres, lors d'un premier tamisage (non public), parce qu'elles étaient non fondées et, le plus souvent, parce qu'elles correspondaient à des appels déguisés d'une décision judiciaire avec laquelle des justiciables n'étaient pas d'accord.

Les juges Dionne et Lamarre furent «réprimandés» pour des écarts de langage en cour. Quant au juge Léveillé, auquel on reprochait de s'être trouvé dans une maison de débauche, il démissionnait quelques jours avant que le Conseil de la magistrature n'entame son enquête publique. *Le Journal de Montréal* avait en effet révélé ce matin-là qu'une plainte additionnelle le visait, pour ivresse en salle de cour.

En 1991, la juge Céline Pelletier, de la Cour du Québec, fut condamnée en cour criminelle pour ivresse au volant, ce qui lui valut par la suite une réprimande du Conseil de la magistrature (dissident, un membre réclamait sa destitution).

Enfin, le juge René Crochetière, de Québec, fut également réprimandé, en mars 1994, pour un écart de langage, tandis que le Conseil commençait à entendre la plainte du Barreau du Québec contre la juge Raymonde Verreault. On lui reproche d'avoir abandonné brusquement à la mi-janvier 1994, après qu'une sentence qu'elle a rendue eut allumé une controverse publique musclée, une demi-douzaine de dossiers judiciaires qu'il lui restait à déterminer avant de quitter la Cour du Québec pour devenir juge en chef de la Cour municipale de Montréal. L'affaire était en cours au moment d'écrire ces lignes.

Pour ce qui est des plaintes qui visent des juges des cours supérieures, le public québécois entend très peu parler des travaux, parfois publics, du Conseil canadien de la magistrature, qui a son siège à Ottawa.

Cette énumération sommaire des «affaires» connues appelle quelques observations utiles pour prendre toute la mesure du phénomène. Le bilan officiel cache en effet des aspects importants de la réalité. Cette première analyse commandera ensuite l'examen d'un courant idéologique, celui de la «rectitude politique», qui, selon des ténors de la magistrature, serait à empoisonner complètement les rapports entre les juges et l'opinion publique.

Enfin, l'ensemble de ces observations critiques devraient nous permettre de dégager quelques paramètres de la sensibilité nouvelle du public à l'endroit du pouvoir judiciaire. Ces perspectives font entrevoir la possibilité de solidarités nouvelles et beaucoup plus réalistes que les rapports de type monarchique dans lesquels la magistrature risque de s'enliser.

1. Les mirages du bilan officiel des «affaires»

À première vue, le public peut avoir l'impression que les manquements disciplinaires parmi les juges sont nouveaux et qu'ils tendent à se multiplier. Au fait, c'est l'inverse qui est vrai.

En regard des décennies antérieures, où l'on a assisté non seulement à des écarts de langage plus nombreux et plus grossiers, mais encore à des pratiques peu scrupuleuses, les manquements de cet ordre sont aujourd'hui l'exception. Des exceptions que le

LA CHÈRE LIBERTÉ INDIVIDUELLE
DE LA JUGE RUFFO

La juge Andrée Ruffo, de la Chambre de la jeunesse de la Cour du Québec, fut l'objet en 1988, puis de nouveau en 1990, de plaintes pour de nombreux accrocs à la déontologie.

Pour la défendre devant le Conseil de la magistrature et devant les tribunaux supérieurs (car la juge Ruffo portait maintes décisions en appel), Québec a versé, en 1990 seulement, 44 444,92 $ à Me Raynold Langlois et 132 382,02 $ à Me Michel Robert — pour un total de 176 827 $ en 1990 seulement.

L'affaire se poursuit actuellement devant la Cour suprême. Début 1994, la seule facture de Me Robert atteignait 270 000 $. Il faut ajouter à ces frais le salaire de la juge Ruffo qu'elle fut autorisée à toucher, sans siéger, de la fin de juin 1988 à la fin de novembre 1990, de même que les honoraires du procureur spécial du Conseil de la magistrature dans cette affaire, Me Louis Crête.

Me Michel Robert défend également le juge Robert Sansfaçon, de la Cour du Québec à Longueuil, lequel est visé depuis plusieurs années par une plainte inscrite au Comité de discipline du Barreau du Québec pour un incident qui remonte à l'époque où il était procureur de la Couronne.

En février 1994, le gouvernement du Québec avait versé à Me Robert seulement, pour la défense des juges Ruffo et Sansfaçon, la jolie somme de 542 747 $. Et ces affaires sont loin d'être terminées.

public tolère mal, d'abord parce qu'il les connaît, surtout parce que sa sensibilité s'est affinée, enfin parce que les médias, principalement dans une grande ville, sont plus indépendants et leurs reporters, loin de cette quasi-fraternité qui règne souvent dans de plus petits palais de justice.

De tels manquements n'étaient assurément pas la règle autrefois, mais la tolérance était plus grande au sein du cercle étroit des personnes qui savaient. Chez les avocats comme chez les justiciables, on souffrait les manières autoritaires des juges, comme on tolérait, dans l'ensemble du corps social, bien des âneries de la part des curés. La conception de l'autorité et de son exercice a bien changé.

Aujourd'hui, les avocats — et, désormais, les nombreuses avocates — sont très loin de faire tous partie du même «club» social. Les juges non plus, du reste. La bigarrure nouvelle qu'on remarque à l'intérieur des professions, et dans ces deux-là en particulier, n'est pas étrangère au fait que les plaintes, fondées ou non, aient commencé à proliférer, contre la magistrature aussi bien que contre toutes les formes de pouvoir et, *a fortiori*, de caporalisme.

Deux poids, deux mesures

Deuxième observation. Les quelques plaintes qu'a retenues le Conseil de la magistrature du Québec au cours des cinq ou six dernières années — et que j'ai énumérées — sont loin de refléter tous les manquements disciplinaires impunis, connus et souvent plus graves.

Ainsi, certains écarts de langage rapportés par les médias ne font l'objet d'aucune démarche auprès du

ON N'EST JAMAIS TROP PRUDENT...

Le 18 mars 1992, G. Ch. a subi devant le juge Gilles Cadieux, de la Cour du Québec à Montréal, un procès pour séquestration et agression sexuelle. Restait à venir le jugement: coupable ou non?

Le juge a rappelé tout le monde en cour cinq fois pour rien: les 12 mai, 29 juin, 20 août, 7 octobre et 10 décembre. Le 21 janvier 1993, dix mois après le procès, il se décide enfin pour un acquittement*.

Accusé de fraude (4 260 $) en 1990, G. Ca. voit son procès devant le même juge se terminer le 3 avril... 1992. Le juge reporte ensuite six fois le verdict, jusqu'au 19 janvier 1993. Et la sentence — un sursis assorti d'une ordonnance de remboursement — attendra dix mois de plus, jusqu'au 27 octobre 1993**.

En 1992-1993, le même juge reportait sept fois en neuf mois le verdict dans l'affaire H. L.; huit fois en onze mois une décision sur requête au procès de N. H. et six fois en dix mois la sentence des T. L. et C. Z.***.

---

* Cour du Québec à Montréal, dossier n° 500-01-024163-906.
** *Ibid.*, dossier n° 500-01-012662-901.
*** *Ibid.*, dossiers n°s 500-01-013852-915; 500-01-007580-902; 500-013368-912.

Conseil. Par exemple, le juge Maurice Johnson, de la Cour du Québec, a pu dire, en pleine cour et devant tout le monde, du procureur de la Couronne qui venait de sortir: «J'ai l'goût de lui mettre mon poing su'a gueule, lui!» Les médias ont rapporté l'incident, mais personne n'a porté plainte. En revanche, en septembre 1990, le juge Marc Lamarre fut réprimandé par le Conseil pour propos «sexistes» parce qu'il avait répliqué à une femme qui contestait une contravention pour stationnement illégal: «Ça vous apprendra à coucher avec des gens qu'il ne faut pas *truster*!» En défense, la femme plaidait en effet que son concubin, dépourvu de permis de conduire, avait emprunté sa voiture à son insu et l'avait garée illégalement...

Une longue et substantielle enquête de trois mois, menée par trois reporters du quotidien *The Gazette* et parue en plusieurs volets en juillet 1992, révélait d'une manière dévastatrice une fainéantise invraisemblable chez un certain nombre de juges de la Cour municipale de Montréal. Alors que la cour avait sur les bras quelque 750 000 causes en attente, sans cesse reportées avec les inconvénients qu'on imagine pour les justiciables, un bon nombre des dix salles d'audience restaient fermées tout l'après-midi plusieurs jours par semaine. Certains juges de ce tribunal, payés plus de 110 000 $ par an, se contentaient souvent de demi-journées de travail et usaient de leur semaine mensuelle de délibéré pour prendre des petites vacances.

Personne n'a entendu parler de plaintes disciplinaires ni d'enquêtes publiques à ce propos. Et pourtant, voilà un gaspillage de fonds publics difficilement tolérable et des manquements flagrants de juges aux devoirs de leur charge.

«AVANCEZ EN ARRIÈRE!»

En salle 4:06, dite «chambre de pratique crimi-nelle» de la Cour du Québec à Montréal, l'administra-tion de la justice est comme une chaîne de montage. La grande majorité des causes criminelles sortent du système par cet entonnoir. Quand elles finissent par en sortir…

En règle générale, les juges Roger Vincent ou Yves Lagacé y siègent quatre heures et demie par jour. Au pas de course. En 1994, on y «traite» tous les jours environ… 200 dossiers. Plus précisément, 188 dossiers le 25 mars 1994, 180 le 7 avril, 184 le lendemain, 221 le 15 avril…

Et qu'est-il advenu, par exemple, des 221 dossiers présentés au juge Vincent ce 15 avril? Cent sept de ces affaires furent reportées (souvent pour la énième fois) à une autre date; 59 accusés ont plaidé coupable, dont 44 ont immédiatement connu leur sentence (le tout en quelques secondes dans chaque cas), en plus des 13 autres sentences prononcées concernant d'autres dossiers.

On ne discute pas longtemps en salle 4:06. Le juge pose rarement des questions. Ce sont, en réalité et contrairement à nos lois, les avocats qui décident, en présence d'un juge décoratif. Comme si, dans les hôpitaux, les infirmières procédaient aux opérations à la place des chirurgiens.

On reporte à plus tard la plupart des affaires parce que le temps manque. Et le temps manque parce qu'on est trop occupé à tout reporter à plus tard.

En revanche, le Barreau du Québec, qui, comme un loup furieux, est monté au pas de course aux barricades à la mi-janvier 1994 en déposant une plainte disciplinaire contre la juge Raymonde Verreault, s'est montré pas mal plus conciliant, comme pour bien d'autres situations, devant le chaos systémique qui régnait à la Cour municipale de Montréal.

On a rarement vu le Barreau porter plainte contre certains de ses membres, bien connus, qui épuisent financièrement leurs clients en multipliant les démarches judiciaires inutiles et les services, souvent bidon et archi-coûteux, d'experts externes, en matière matrimoniale notamment. On n'a encore jamais vu le Barreau, dont la mission première est pourtant de «protéger le public», porter plainte contre les nombreux avocats de pratique privée qui, forts de mandats de l'Aide juridique, dilapident les fonds publics en étirant le plaisir des remises et des délais inutiles en cour criminelle à la seule fin d'arrondir leurs honoraires.

Voici un autre cas singulier où ce qu'on pourrait appeler les «instances» officielles et compétentes sont restées toutes mollasses sur le plan de l'action disciplinaire. *Le Journal de Montréal*, puis *La Presse* ont publié très régulièrement, entre la mi-novembre 1992 et la fin de janvier 1993, au moins une quinzaine d'articles d'information désignant quelque huit juges de la Cour supérieure de Montréal qui, de manière chronique, laissaient poireauter des justiciables en prenant de nombreuses années — jusqu'à deux, trois ou quatre ans et... sept ans dans un cas — pour délibérer sur une affaire à trancher.

Ces journaux avaient également rendu compte, en détail dans plusieurs cas, des conséquences pécuniaires désastreuses qu'une telle indolence, rémunérée à plus de 155 000 $ par an, avait entraînées pour ces justiciables.

Une étude du Barreau de Montréal, publiée à l'automne 1991, avait signalé déjà le phénomène, mais sous une forme purement statistique. Or ni le Barreau ni le ministre de la Justice, lequel avait une connaissance précise de la situation grâce à des comptes rendus de gestion informatisés et périodiques, n'ont accepté de transmettre à la presse plus amples renseignements sur cette affaire, qui pourtant était d'un intérêt public évident.

Les deux journalistes ont dû compiler les données eux-mêmes «à la mitaine» durant plus d'un an, fouillant patiemment les dossiers un à un, en vue de publier des comptes rendus pertinents du phénomène. Ces interventions massives de la presse ont permis de vider l'abcès d'un coup sec et de mettre fin en quelques mois à la négligence chronique des juges en question.

Mais durant toutes ces années, et même après les révélations dans les médias, personne — ni le juge en chef de la Cour supérieure, ni le ministre de la Justice, ni le Barreau — n'a déposé quelque plainte disciplinaire contre les juges visés. Si le Barreau s'est littéralement projeté devant les micros de la presse en janvier 1994 pour dénoncer la juge Raymonde Verreault devant le Conseil de la magistrature, à laquelle il reprochait justement de «n'avoir pas rempli utilement et avec diligence ses devoirs judiciaires», comme le prescrit le Code de déontologie des juges, il s'est contenté de quelques protestations verbales dans le cas des juges de la Cour supérieure.

Quant au ministre provincial c
choisi une fois de plus la méthode flasq
à agir par la pression de l'opinion publi
çait, à la fin de janvier 1993, des mesure
prochaines pour encadrer dans un maxir.
mois la période de délibération des juge ...ɔ il
s'empressait de préciser qu'«au nom de l'indépendance
judiciaire», aucune sanction ne serait prévue pour les
juges délinquants — une disposition qui contredit d'une
manière flagrante le Code de déontologie des juges dont
on a cité plus haut une partie de l'article 6.

Enfin, toujours au nom de l'indépendance judiciaire, le ministère de la Justice n'aiderait en rien la
presse à poursuivre sa tâche d'information sur cette
matière: il lui refuse l'accès aux listes informatiques
périodiques qui contiennent les causes en délibéré
depuis plus de six mois. C'est du moins l'argument
que le ministère plaide devant la Commission d'accès
à l'information.

Dans ce dernier litige, qui opposait d'abord
devant la Commission d'accès à l'information et qui
oppose encore, maintenant en appel devant la chambre civile de la Cour du Québec, le quotidien montréalais The Gazette et le ministère de la Justice, le juge
en chef de la même Cour du Québec a choisi d'inter-
venir dans le débat judiciaire. Au dossier il a inscrit le
7 avril 1994 une requête qui se porte au secours de
Québec et plaide que lesdites listes informatisées doivent rester secrètes. Pourquoi? Parce que «le principe
constitutionnel de l'indépendance judiciaire pourrait
en être miné»...

Le juge Gobeil prétend en effet, sur le ton de
l'oracle et sans preuve à l'appui, que si les médias

savaient quelles sont les affaires dont le délibéré traîne en longueur, ils pourraient s'ingérer soit dans la délibération même du juge, soit dans une action éventuelle du juge en chef destinée à corriger la situation. Or la preuve a été faite à Montréal au tournant de 1993 que les juges en chef se révélaient incapables de résoudre le problème, tandis qu'à Québec, on a choisi de n'assortir d'aucune sanction les retards indus.

Ainsi, les autorités politiques, judiciaires et professionnelles réunies ne se gênent nullement pour invoquer, parfois de manière risible, le principe de l'indépendance judiciaire aux dépens de la protection la plus élémentaire des justiciables.

Des scrupules à poursuivre

Troisième constat. L'affaire du juge Claude Léveillé, de la Cour du Québec à Granby, a éclaté le 25 janvier 1990 dans la presse. Qu'y apprenait-on? Que le juge avait été arrêté six mois plus tôt (le 9 août 1989), avec trois femmes (les tenancières), dans une maison de débauche de Longueuil. Or si les trois femmes avaient été aussitôt traduites en cour criminelle, le juge, lui, n'était toujours pas accusé.

Bien plus: Québec (la direction du ministère de la Justice) savait tout depuis la mi-novembre, mais n'avait toujours pas bougé au 25 janvier! Dès la fin d'août 1989, deux des femmes arrêtées avaient déjà plaidé coupables et la cour les avaient mises à l'amende (la troisième avait fait défaut de comparaître et restait introuvable), tandis que le juge jouissait d'un traitement de faveur, continuant même, au su de

Québec, de siéger à Granby, y compris dans des affaires de maisons de débauche!

Ce n'est pas tout. Comme la prescription pour ce genre d'infraction est de six mois, il ne restait plus qu'une dizaine de jours avant l'expiration du délai prévu par la loi quand la presse a attaché le grelot. Tout ce que le bureau de la Couronne de Longueuil a eu à déclarer au journaliste André Cédilot, de *La Presse*, qui l'interrogeait à ce propos à la fin de janvier, c'est qu'il «déplorait la fuite de ces informations aux médias». Belle réaction et très déplorable en effet.

Une fois le secret éventé, Québec n'avait plus de choix autre que d'appliquer la règle du droit, selon laquelle tous sont égaux devant la loi. Le juge fut accusé au criminel au début de février 1990 et son juge en chef, M. Albert Gobeil, déposa en même temps une plainte disciplinaire contre lui.

La pleutrerie de Québec était, direz-vous, une erreur de parcours, un fait isolé, sinon un surplus angélique de prudence… Mais pas du tout! En 1987, le même juge Léveillé avait instruit une enquête judiciaire pour agression sexuelle alors qu'il était très visiblement en état d'ivresse avancée; il suffit d'écouter l'enregistrement de la séance pour le constater.

Or plusieurs avocats étaient au fait de l'incident. Le procureur de la Couronne au dossier s'en était plaint à ses supérieurs, lesquels avaient fait rapport, à l'époque, aux autorités du ministère de la Justice. En avril 1990, trois ans plus tard, le ministre n'avait pas encore bougé d'une ligne! Il a fallu que la victime dans l'affaire d'agression sexuelle qui, au printemps 1990, en avait franchement ras le bol, s'en plaignît à un groupe de femmes pour qu'enfin un grief formel parvînt au

Conseil de la magistrature. Quand la presse révéla le fait de la seconde plainte, le juge démissionna d'emblée.

❑

Le juge André Brossard, cité au chapitre précédent, disait craindre la présence de «laïcs» dans les comités de déontologie chargés d'examiner la conduite des juges sur le plan disciplinaire. Ces profanes pourraient être tentés d'apprécier les juges en se fondant sur des idées à la mode plutôt que sur «la règle du droit», expliquait-il. Selon le préambule de la Loi constitutionnelle de 1867, en effet, est affirmée la suprématie de la règle du droit sur tout pouvoir arbitraire, sur tout privilège et sur tout pouvoir discrétionnaire du gouvernement; en clair, c'est le principe de l'égalité de tous devant la loi.

Or le traitement — et souvent le non-traitement — des «affaires» évoquées précédemment démontre à l'évidence que les citoyens n'ont à ce jour aucune raison valable de faire confiance au ministre de la Justice du Québec, ni aux juges en chef, ni au Barreau pour exercer une action disciplinaire cohérente à l'endroit des juges. Le moins qu'on puisse retenir de l'expérience québécoise jusqu'ici connue est qu'elle trahit le plus haut degré d'arbitraire et d'esprit brouillon.

2. La «rectitude politique», menace ou prétexte?

Il ne manque pas aujourd'hui de juges qui éprouvent avec crainte et tremblement la pression idéologique exercée sur eux, comme du reste sur tous les acteurs sociaux, par des groupes d'intérêts précis, ou, plus abstraitement, par des «courants de pensée». Ces pressions tendraient à les amener plus ou moins subtilement non seulement à rendre des décisions conformes à de telles idéologies, mais encore à employer un vocabulaire qui ne heurte pas l'orientation de ces groupes.

Ainsi, les juges craignent comme la peste les militants et les collectifs de tous poils qui épient et décortiquent leurs moindres paroles — non seulement les motifs récités de leurs décisions, mais aussi le moindre commentaire incident en cour — en vue d'y déceler quelque préjugé secret pour ou contre les femmes, les homosexuels, les bénificiaires de l'aide sociale, les handicapés, les pauvres, les Noirs, les jeunes, les Arabes...

Une telle surveillance est très menaçante, paraît-il, car la moindre parole suspecte, la moindre trace d'un préjugé personnel, voire la moindre forme d'humour qui ne conviendrait pas à l'humour propre à ces militants qui surveillent peut traîner les magistrats du jour au lendemain devant le comité de discipline de leurs pairs, les broyer raide, pour une peccadille, dans le malaxeur des médias et ruiner carrière et réputation.

Au lendemain de la sentence controversée rendue le 13 janvier 1994 par la juge Raymonde Verreault, de la Cour du Québec de Montréal, laquelle avait été reçue dans l'opinion par une volée de protestation, bon nombre d'avocats confiaient qu'à l'avenir, les juges se garderaient de motiver trop expressément leurs décisions. Les mêmes sources rapportaient aussi que plusieurs juges avaient réagi privément dans le même sens.

Rappelons que la juge Verreault avait infligé une peine de vingt-trois mois de prison à un homme qui, durant presque trois ans et de manière régulière, avait imposé à la fillette de sa concubine des rapports sodomiques. En prononçant la sentence, Mme Verreault avait tenu à préciser que l'enfant, qui avait entre neuf et douze ans lors des incidents, n'avait pas été violée. Et la juge de tenir pour une circonstance atténuante le fait qu'ainsi l'agresseur avait «préservé la virginité» de sa victime.

Il ne manque pas de juges pour relire aujourd'hui dans la même perspective — celle d'être épiés par des groupes militants — la réprobation massive qui a accueilli, sous l'effet amplificateur des médias, les remarques incidentes des juges Denys Dionne et Marc Lamarre, déjà cités, ou, plus récemment, du juge René Crochetière[1].

N'a-t-on pas remarqué, fait-on valoir, derrière plusieurs des plaintes disciplinaires qui ont fait éclater ces incidents, des groupes de femmes militantes qui protestent contre le moindre trait d'esprit mal choisi? N'a-t-on pas entendu, en contrepartie, des femmes

---

1. Le juge Crochetière, de Québec, qui avait instruit, le 18 novembre 1993, l'enquête préliminaire d'un dénommé Dumais, dénoncé pour menaces à l'endroit de sa compagne, avait libéré le prévenu, qui, depuis l'incident survenu vingt jours plus tôt, était jusque-là détenu.

La victime alléguée, qui allait sortir de la salle d'audience, craignait de revoir son homme en liberté. «Si je me fais tuer, ça sera de votre faute!» lance-t-elle au juge. Le procureur de la Couronne, Pierre Lapointe, en remet: «C'est probablement ce qui va arriver...»

Et le juge de répliquer qu'il tenait à envoyer le message clair «à tout le monde» que «si monsieur assassine madame, ça ne m'empêchera pas de dormir. Je ne ferai pas une dépression non plus. Ça n'est pas ma responsabilité!»

juger que les médias s'en étaient pris avec un excès de zèle à la juge Raymonde Verreault *parce que c'était une femme* et prétendre que la même décision de la part d'un homme eût passé presque inaperçue?

Les moindres actions répressives de la police, lorsque sont impliqués des membres d'une minorité visible, ne font-elles pas l'objet d'une relecture militante par les groupes actifs contre le racisme? Et le journaliste qui se laisse aller à parler d'un «sourd», d'un «aveugle» ou d'un «patient» ne reçoit-il pas chaque fois dans son courrier, émanant d'une foule d'«intervenants», des lettres de protestation le priant de substituer à ces formules intolérables les vocables plus abscons et moins «méprisables» de «mal-entendant», de «non-voyant», de «demi-voyant» ou de «voyant autrement», de «bénéficiaire», de «personne différemment proportionnée» (pour obèse), de gai (pour homosexuel)...

Ajoutons enfin, pour éclairer aussi l'autre volet du même problème, les critiques de plus en plus virulentes à l'endroit des décisions récentes du nouveau Tribunal des droits de la personne du Québec (créé à la fin de 1992), qui accueillerait, dit-on, avec une complaisance suspecte les actions en compensation financière pour tout ce qui pourrait avoir, de près ou de loin, la moindre apparence d'un comportement discriminatoire quant à la condition sociale (une banque refuse de consentir une hypothèque à une personne vivant de l'aide sociale ou un proprio refuse de louer pour le même motif, etc.), au handicap (on a refusé d'accueillir dans un bar une aveugle accompagnée de son chien-guide, etc.), au sexe, etc.

N'entend-on pas souvent exprimer l'idée que le Tribunal, comme la Commission du même nom, est «noyauté» par des groupes minoritaires et militants de tous genres? On a même entendu des gens soutenir que le même Tribunal était une création *politique* pour apaiser les minorités...

Toutes ces idées circulent — je les ai personnellement entendu formuler cent fois par mois ces dernières années au Palais de justice de Montréal —, et elles circulent fort dans les cercles juridiques. Elles présentent toutes, aussi, la particularité d'être embrasées, exacerbées par les passions, de manquer de perspectives et d'un peu de froide logique.

Quand se succèdent les groupes d'intérêts

Il est évident que pullulent aujourd'hui des groupes d'intérêts qui non seulement réclament hardiment une égalité de traitement pour les leurs aux dépens de la liberté d'action d'autrui, mais trahissent souvent une intolérance qui cherche aussi à restreindre le droit des autres d'exprimer leurs propres positions. Et il n'est pas rare que ce caporalisme s'attaque au langage même, s'applique à purger le vocabulaire d'autrui, tende à imposer ses propres manières de dire les choses, voire à interdire tout vocabulaire divergent. Ainsi se présente essentiellement ce qui aime se désigner sous le vocable de la «rectitude politique».

Ce recours hystérique à l'euphémisme et au mensonge cherche à créer une quantité industrielle de victimes et de culpabilité sociale susceptibles de donner du travail à la quantité non moins industrielle de «thérapeutes» tous azimuts qui peuplent le paysage. Le pouvoir est désormais aux victimes! C'est avec justesse que l'analyste Robert Hughes désigne ce courant par la tournure *Culture of Complaint*, que Martine Leyris a bien traduite par «culture gnangnan», cette espèce de prêchi-prêcha de *baby-boomers* passés à l'université et devenus membres d'une génération moralisatrice[2].

Mais voilà un phénomène qui, à part le vocable, n'a strictement rien de nouveau! Il est aussi ancien que les origines des deux pays qui occupent l'hémisphère nord de l'Amérique. Tout ce qui a changé, pour ceux qui s'en plaignent amèrement, ce sont les groupes de pression, les groupes d'intérêts. Le phénomène et son modèle (*pattern*) restent les mêmes.

Les groupes de pression et d'intérêts sont là depuis les origines: ils sont au cœur même de la démocratie d'essence pluraliste, à base de tolérance, qui se pratique ici et qui n'est pas la démocratie classique qu'a connue l'Europe du XIXe siècle; elle n'est non plus une démocratie ni nationaliste ni socialiste.

Les groupes d'intérêts ont toujours marqué l'équilibre des pouvoirs au Canada. Le problème de bien des juges découragés par la tournure des événements, c'est que les groupes d'intérêts qui les cernent littéralement depuis leur jeune âge, qui leur imposent leur idéologie et même leur vocabulaire sans même qu'ils s'en rendent compte, sont graduellement remplacés par d'autres groupes d'intérêts, qui exercent les mêmes pressions que ceux de naguère, mais qu'on juge suspects en raison d'un manque de connivence avec ces nouveaux venus.

On veut des exemples concrets? Pensons à ces pressions idéologiques sur la personnalité du juge,

---

2. Voir Robert Hughes, *La culture gnangnan, l'invasion du politiquement correct*, traduit de l'anglais par Martine Leyris, Paris, Arlea, 1994.

issues sournoisement d'une ouverture naturelle à certains partis politiques, aux cercles d'affaires, aux
valeurs de l'ancienne classe moyenne canadienne-
française (avant qu'elle ne soit brisée, étalée et appau-
vrie). Pensons à la connivence spontanée avec la
bourgeoisie d'affaires anglo-saxonne, avec les anciens
cercles du pouvoir ecclésiastique séculier, etc. L'une
ou l'autre de ces sphères d'influence, mais le plus souvent une combinaison de plusieurs, a pesé et pèse du
poids de son idéologie sur les valeurs culturelles de la
classe des juges d'âge mûr.

Leurs décisions, ainsi que leur langage, leurs
mots d'esprit, leurs clins d'œil même trahissent leurs
connivences spontanées, culturelles et historiques. Le
premier observateur venu remarque tout de suite, par
exemple, le respect mutuel, la sympathie, sinon
l'admiration réciproque et spontanée qui s'expriment
entre un juge (ou un avocat) et un médecin qui vient
témoigner à la cour. Le ton change tout de suite, les
regards sont différents, ils trahissent d'emblée une
complicité. Quand l'audition est terminée et que les
avocats sortent de la salle, on entend toujours la
même ritournelle:

«Ah! docteur, comme votre discipline est complexe! Je me sentirais totalement incapable de faire ce
que vous faites... sussure l'avocat.

— Et moi donc, de répliquer le médecin, je ne
saurais jamais me démêler dans tous ces savants arguments de droit, la jurisprudence et tout!»

Je ne prétends pas du tout que les décisions judiciaires qui suivent sont partiales. Le juge a manifestement le réflexe d'instituer la distance requise quand
vient l'heure de trancher. Et le plus souvent il le fait

consciencieusement. Il y a là, néanmoins, une *pression* et elle s'exprime haut et fort pour qui sait sentir les intonations de la voix, lire les visages et les gestes, percevoir les émotions qui enveloppent les paroles.

La «rectitude politique» comme norme non écrite s'est toujours imposée par la pression des groupes d'intérêts sur les autres groupes d'intérêts et sur les individus. Et les juges — ou les journalistes! — qui se déclarent vierges sont en vérité les plus dangereux.

Aujourd'hui, toutefois, les pressions viennent de foyers nouveaux. Des juges sont plus marqués que d'autres par les préoccupations féministes. Certains, qui ont passé le gros de leur carrière d'avocat à la Couronne, au Tribunal de la jeunesse ou à l'Aide juridique, montrent une sensibilité aux problèmes sociaux que n'éprouve manifestement pas toujours le juge voisin, qui a évolué, lui, surtout dans les milieux d'affaires.

Les juges ne feront pleurer personne en soutenant qu'ils sont littéralement assaillis et épiés aujourd'hui par des lobbies ou des groupes de pression. Ils ont toujours été étroitement «surveillés» par leurs amis politiques — certains juges le leur rendent bien, d'ailleurs — ou épiés par leurs amis actifs dans les affaires, etc.

Les vertiges du pluralisme

À cause de l'étendue si vaste des deux pays d'Amérique du Nord, la démocratie d'ici ne pouvait être que pluraliste. Les rapports entre les citoyens et l'État n'ont toujours été qu'indirects, par le biais des corps intermédiaires que sont les provinces et les gouvernements régionaux d'abord, puis, sur le plan social, à travers des groupes d'intérêts variés: les Églises et les orthodoxies religieuses autrefois, avec leurs réseaux d'établissements privés d'enseignement et de santé, etc.; puis des foyers d'intérêts culturels et sociaux divers selon l'ethnie; qu'on songe enfin aux grandes centrales syndicales, aux lobbies des entrepreneurs, de la haute finance, des journaux, etc.

Tant bien que mal, le pluralisme s'appliquait — telle était sa tâche particulière — à produire des résultats politiques *malgré* la bigarrure des hétérodoxies, des groupes et des dissidences. Toutes les décisions politiques en Amérique du Nord ont toujours été et restent prises sous la pression de groupes d'intérêts variés, entre lesquels finissent par s'élaborer des compromis.

Si le pouvoir judiciaire se sent soudainement étranger à ce vieux *pattern* si typiquement canadien — quels qu'aient été ses contenus successifs et historiques —, s'il se scandalise soudainement de faire l'objet de «pressions» de la part d'une multitude de groupes d'intérêts, c'est qu'il s'est réfugié là-haut, dans un nid d'aigle, oubliant peut-être que la vie d'un juge au Canada, comme celle de tous les hommes et de toutes les femmes politiques, n'a jamais été différente à ce point de vue.

Si la magistrature se sent tout à coup assaillie par les pressions qu'exercent les nouveaux groupes d'intérêts, c'est peut-être qu'elle n'était pas consciente, pour en avoir été trop près, des idéologies qui l'encerclaient à l'époque des élites plus traditionnelles et qui, souvent, l'assiègent toujours.

Or il n'y a qu'un remède connu aux pressions des idéologies, c'est la rigueur intellectuelle et l'indépendance *d'esprit*.

À force de s'époumoner à revendiquer toutes les clôtures artificielles et secondaires, toutes les balises imaginables et tous les garde-fous inimaginables pour préserver l'«indépendance judiciaire», les juges finiront par faire figure d'assiégés. On pense spontanément aux évêques d'autrefois, qui croyaient, du haut de leurs palais épiscopaux, maintenir et développer la foi à force de superviser chez leurs fidèles leurs moindres fréquentations ou les onces de viande qu'ils avalaient le vendredi ou, dans les collèges classiques, l'assistance aux vêpres et l'ordre des fanfares aux défilés de la Fête-Dieu.

Le vice original de toute démocratie de type pluraliste tient, là aussi, dans l'idéologie qu'elle finit par sécréter. Pour veiller, d'abord, à «ne pas perturber l'équilibre des pouvoirs», on est réticent à voir de nouveaux groupes d'intérêts succéder aux groupes établis. Les nouveaux groupes d'intérêts — les femmes, par exemple, ou les Noirs... — feront-ils partie du système déjà en place? Ou leurs complicités iront-elles ailleurs?

Ensuite, le régime d'arbitrage entre les groupes d'intérêts, auquel participe de par sa mission essentielle le pouvoir judiciaire, favorisera-t-il systématiquement, comme le fait le pouvoir politique, les intérêts du plus fort? Si oui, il inscrira dans le jeu délicat des négociations et des luttes entre groupes rivaux une rupture d'équilibre qui n'est pas seulement contraire à la justice, mais qui brise radicalement la fécondité normale du jeu des intérêts variés en régime pluraliste.

Dans cette dernière hypothèse, que tous les politiciens du Canada ont aujourd'hui littéralement «sur la gueule», il ne reste plus, après qu'on a tant gaspillé la richesse sous prétexte de la redistribuer, rien à distribuer, sinon l'injustice. Et on tend à le faire en épargnant autant que possible les groupes les plus bruyants, dont ces Canadiens qui vivent dans des réserves.

D'autres voies, heureusement, restent ouvertes au pouvoir judiciaire, dans la mesure où, contrairement aux girouettes politiques que tout le monde tourne maintenant en dérision pour cause d'à-plat-ventrisme et d'indécision chroniques, les juges garderont toute leur tête, en conservant, les yeux rivés sur *l'ensemble* du corps social plutôt qu'en étant aveuglés par la présence menaçante ou, au contraire, par la belle chaleur de groupes d'intérêts particuliers.

Pour des esprits indépendants, le mythe de la «rectitude politique» n'a rien d'une menace. C'est un piège pour politiciens fluets.

Le problème des niveaux de discours

En 1989, la Cour d'appel du Québec décidait de remettre en liberté jusqu'à son procès un type accusé d'avoir assassiné sauvagement sa femme (et qui fut acquitté par la suite). À maints égards, cette décision, qui n'était pas unanime (à deux juges contre un), allait à contre-courant.

Elle allait à l'encontre de la pratique courante des cours inférieures en cette matière. Elle réorientait la jurisprudence sur le sujet. Elle survenait en outre à une époque où quelques maris, accusés de menaces ou de violence à l'endroit de leur conjointe, avaient servi à celle-ci le coup fatal peu après leur libération provisoire. On se souviendra de l'affaire *Hélène Lizotte*. Son mari, Adrien Pelletier, lui avait enlevé la vie à la fin juillet de 1987, deux jours après avoir été remis en liberté contre cautionnement alors qu'il était accusé de voies de faits sur sa femme.

Pourquoi la décision de la Cour d'appel n'a-t-elle pas créé un tollé dans le public, alors que le sujet était déjà fort controversé, aussi bien parmi les juges de la Cour supérieure, et jusqu'en Cour d'appel même, que dans l'opinion publique? Certainement pas parce que le tribunal d'appel énonçait des évidences; du reste, ça n'est pas évident du tout. C'est plutôt que la décision abordait le problème sous l'angle de la raison; elle en disséquait à froid les éléments et elle prenait parti, un parti vigoureusement motivé, sur les plans rationnel et juridique, entre deux voies possibles et défendables.

On n'a vu, à la suite de cette décision, aucun groupe de militantes au sein d'organismes s'occupant de la violence faite aux femmes faire un scandale dans les médias. Ni les médias, d'ailleurs. On saisit tout de suite la différence entre cette décision et les propos grotesques, révoltants même, du juge René Crochetière, qui crânait que «ça ne l'empêcherait pas de dormir que monsieur assassine madame».

Le discours Crochetière n'est pas simplement un «écart de langage»; il adopte le niveau d'une rhétorique creuse. Il se veut accrocheur, flagorneur, flatteur; il recherche la connivence bête avec les esprits machos. Au fond — et aussi au bord — c'est un discours autoritaire et vide. Tablant sur les seules passions et faisant l'économie d'une prémisse, il court-circuite la discussion rationnelle. Le discours Dionne («la loi est comme une femme...») est du même acabit.

La sensibilité publique d'aujourd'hui a de plus en plus en horreur ce niveau de figures de rhétorique quand il est le fait de ses représentants politiques ou judiciaires. Assurément, la publicité et l'*entertaining* offerts par les mass-media arrosent littéralement le public de ces discours à rabais. Forts des savants conseils de leurs experts en relations publiques et en communications, les hommes politiques ont cru que la recette pouvait être transposée dans le domaine de l'administration publique. Bien à tort, cependant. Chacun peut constater les tristes résultats de cette naïve entreprise d'imitation.

On en a eu un nouvel exemple la fin de semaine du 19 mars 1994, lorsque le premier ministre du Canada, Jean Chrétien, fut accueilli à Shawinigan par une manifestation bruyante et musclée de chômeurs. On le bouscule un peu. «C'est pas des choses comme ça qui vont m'impressionner!» lance-t-il crânement, comme si la question était là. Les états d'âme du premier ministre ne sont pas en cause, justement.

Si la sentence prononcée le 13 janvier 1994 par la juge Raymonde Verreault a soulevé un tonnerre de protestations parmi le public, ce n'était pas d'abord par le chiffre de la peine imposée (vingt-trois mois), mais parce que le discours judiciaire avait abandonné le registre de la raison. D'où sort en effet cette idée lugubre et parfaitement incongrue que des relations sodomiques seraient, en regard des rapports sexuels courants, *un moindre mal* quand elles sont pratiquées avec une enfant?

Qui ne protesterait pas si un juge affirmait soudainement, dans une décision judiciaire, que le meurtre d'un Juif ou d'un Noir, d'un prince ou d'une servante, est un moindre mal ou, du moins, un mal qui mérite une peine moins sévère? De telles propositions, celles-ci comme celle-là, n'appartiennent pas au registre rationnel et elles sont particulièrement offensantes pour la morale publique quand elles apparaissent dans le contexte d'un discours censé dire le droit.

La discussion publique qui a accueilli la décision de première instance (celle du juge Jean Frappier en septembre 1993) sur le prix des places de stationnement des juges fournit un dernier exemple de l'écart entre un discours rhétorique et un discours qui appartient au registre de la rationalité.

Le camionneur, comme le soudeur ou la préposée aux malades, sait fort bien qu'il n'y a pas plus de rapport rationnel, ni direct ni indirect, entre l'indépendance judiciaire et le privilège d'une place *gratuite* de stationnement qu'il en existe entre les fonctions de camionneur, de soudeur ou de préposée aux malades et une cinquième semaine de vacances payée ou six congés mobiles par an plutôt que quatre. Voilà des propositions qui appartiennent plutôt à la rhétorique de la négociation des conditions de travail. Personne n'en est dupe.

Les syndicats de policiers offrent un exemple parlant de cette rhétorique, qui s'appliquent à fonder, dans leur discours public, le moindre avantage salarial ou autre d'un projet de contrat de travail sur l'idée qu'ils risquent leur vie à tout moment et que leur travail est extrêmement stressant. À prendre au sérieux la rationalité apparente d'un pareil discours on atteint vite l'Infiniment Absurde.

Le lieu propre du discours rhétorique

En cour, les juges forment l'*auditoire* spécialisé de discours rivaux tenus par les plaideurs. Adversative par nature, l'opération consiste à persuader les juges de telle ou telle relecture des faits. Le système des présentations concurrentes ou antagonistes permet mieux aux juges d'en dégager ce qui est susceptible de se rapprocher le plus de la vérité et d'en venir à une décision aussi objective que possible. Mais autant le registre de la rhétorique peut convenir aux plaideurs, autant il est irrecevable chez les juges.

D'abord, la rhétorique n'est pas un moyen de connaître ou de rechercher la vérité, mais un moyen d'action sur le réel, une technique de persuasion et, fondamentalement, une technique de preuves.

Ensuite, les «orateurs», en raison de la nature même de la rhétorique, «négligent l'intérêt public, pour s'occuper de leur intérêt personnel», comme l'écrit très justement Platon (*Gorgias*, 502e). La rhétorique élabore de l'apparence de vrai. Le plaideur est un «chasseur intéressé», un «athlète dans les combats de parole ou dans l'art de la dispute» (*Sophiste*, 231c-e).

La rhétorique le fait en échafaudant, selon les intérêts de ses praticiens, des raisonnements incomplets. Il s'agit ou bien d'inductions tronquées, ou bien de déductions apparentes. Les premières progressent du particulier au... particulier en exploitant l'analogie ou les ressemblances, qui dispensent d'énumérer tous les cas; les secondes sont amputées d'une de leurs prémisses et se fondent non sur des principes universels au sens de la science, mais sur des idées générales reçues par le grand nombre.

Les raisonnements basés sur la rhétorique présentent une logique dégradée qui cherche à s'adapter à son public en se fondant sur la psychologie d'une classe moyenne, sur des lieux communs, sur une culture de masse, sur l'idéologie du grand nombre. La rhétorique s'applique à simplifier faits et concepts afin de persuader une foule, un auditoire non spécialisé ou, quand il s'agit d'un tribunal, un «auditoire» (le juge) qu'on tient pour tel par hypothèse ou par le jeu d'une fiction. Elle sait aussi bien plaider une chose et son contraire.

Enfin, la rhétorique, autant dans ses versions judiciaires (chez les plaideurs, s'entend) que sous toutes ses autres formes (discours politique, publicitaire, etc.) est «flatterie», une image dont raffole le Platon du *Gorgias* et du *Phèdre* pour désigner cette technique, à laquelle toutefois il ne rend pas toujours justice.

La rhétorique est flatterie en effet, dans le double sens, propre et figuré, autant de l'expression d'origine grecque (*kolakeia*) que de son équivalent français.

La flatterie évoque d'abord l'idée de répétition: la main qui flatte le dos du chien ou celle qui nettoie quelque chose en frottant, c'est-à-dire en passant et en repassant: les arguments, sans cesse réitérés, du plaideur; la publicité qui, étant donné sa faible teneur ou valeur rationnelle, martèle aux quinze minutes, à la télé, la tête de l'auditeur pour lui enfoncer le message dans le crâne.

La flatterie suggère en même temps l'idée d'une louange excessive, voire de la flagornerie, celle qui est propre à ce que le langage populaire appelle un «frotteur». Le frotteur de quelqu'un est au fond animé par la crainte. Il encense les penchants, il flatte les passions et les faiblesses du récepteur ou de la «cible».

Les mass-media n'y manquent pas et, dans des secteurs caractérisés, la presse en particulier.

Le registre rhétorique, donc, ne saurait être, de
quelque manière, celui du discours du juge lorsqu'à
son tour il prend enfin la parole. Ni sur le plan des
arguments ni sur celui de l'expression ou de la mise en
mots. Il n'y a d'acceptable pour lui que le registre du
vrai. Le seul critère de la perfection du discours (contenu et expression) pour le juge, c'est que ce discours
ait, sur le sujet à traiter, le vrai pour seul fondement
et, par conséquent, l'intérêt public plutôt que l'intérêt
particulier ou personnel. Le juge ne cherche pas à
séduire, mais à «voir».

Ce qu'on désigne comme «les gaffes des juges»
— simples écarts de langage ou écarts de raisonnement — sont une suite de dérapages du registre de la
recherche du vrai vers celui de la rhétorique. S'en
tenir au registre rationnel du vrai est une tâche qui
exige entre autres le sacrifice des métaphores et des
états d'âme. Surtout, c'est le lieu fondateur de la véritable «indépendance judiciaire», d'une part, et, de
l'autre, du «devoir de réserve» du juge, qui assure son
impartialité et son objectivité[3].

Le devoir de réserve de la magistrature ne vise
guère à retirer aux juges tout droit de s'exprimer. Mais
les restrictions qu'ils imposent à leur discours public
extra-judiciaire n'auraient aucun sens si, dans l'exercice même de leurs fonctions, ils ne s'écartaient pas
résolument de la sphère de la rhétorique.

C'est que la rhétorique «fabrique des images», dit
encore Platon à bon droit (*Sophiste*, 234a-236c); plus

---

3. On reviendra sur le devoir de réserve au chapitre suivant.

particulièrement, elle est une contrefaçon, «un simu-
lacre de la politique» (*Gorgias*, 463e-466a). Aussi la
rhétorique est-elle, infiniment plus qu'un tarif de stationnement ou que les frais de nettoyage d'un complet ou d'une robe de juge, la porte grande ouverte à
l'intrusion déplorable du politique dans la sphère du
pouvoir judiciaire et dans son discours même. Les
politiques raffolent des discours (et des communica-
teurs!), car ils veulent être approuvés, admirés, plaire,
amuser la foule et la distraire comme des enfants.

❑

Le courant de la «rectitude politique», qui n'a
rien de nouveau, n'est pas vraiment une menace pour
la plupart de nos juges, dont la bonne santé intellectuelle est évidente. Chez les plus douillets, en revanche, il peut servir de prétexte pour justifier un isolement peureux, une fuite au sommet, un isolement
toujours plus grand et toujours plus haut à l'abri du
discours tapageur de l'opinion publique.

Sous le couvert d'une aseptie apparente, la «rectitude politique» a secrètement la manie des groupes
d'intérêts. Elle a aussi le culte des victimes. Et elle est
contagieuse. Elle aura réussi son pari obscène si elle
contribue à enfermer davantage la magistrature dans
le souci obsessionnel de ses privilèges de groupe, à la
distraire de la recherche de l'intérêt public et de la
considération de l'ensemble du corps social, à la pous-
ser davantage dans l'élaboration d'une idéologie
byzantine de l'«indépendance judiciaire» qui fait feu
de tout bois.

3. Une sensibilité nouvelle

Le sentiment de l'opinion publique à l'endroit des juges a varié. Mais en quoi? Ce qui arrive aujourd'hui à la classe des juges n'est pas étranger à une crise généralisée de la confiance des citoyens en leurs institutions.

La démythification de la magistrature suit celle, décisive, du politique, et de l'État-providence notamment. Par ailleurs, le phénomène conjoint de la redistribution des coûts du système judiciaire et de l'inefficacité chronique de celui-ci a déclenché une requête pressante de reddition de comptes, qui bouscule manifestement la magistrature et exerce sur le système des pressions nouvelles.

Tel est le contexte original avec lequel la magistrature doit composer et qui servira à décrire à grands traits la sensibilité nouvelle des citoyens à son endroit. On en dégagera un double paradoxe, qui marque les rapports actuels entre les juges et les citoyens: d'abord le paradoxe de la proximité et de la distance, ensuite celui de la solidarité et de l'indépendance.

Les institutions en question

Aux citoyens les institutions de l'État paraissent aujourd'hui paralysées. Il faut souligner toute la mesure du phénomène, car il rend hélas! plus fragile la position de la magistrature.

La classe politique ne décide plus de rien, elle n'agit plus, elle gouverne à peine. Elle s'épuise plutôt à concevoir, et surtout à improviser au fil des sondages quasi quotidiens, de naïfs programmes de communication directe avec la population moyennant le recours au jour le jour aux mass-media.

On lance hardiment et en grande pompe l'idée d'une réforme, puis on n'en finit plus de sonder les réactions populaires à cet immense ballon vide; enfin, le pouvoir recule en faisant le moins de bruit possible. Qu'on pense à l'avortement des projets constitutionnels successifs, des grandes idées de réforme de la santé, de la fiscalité ou de l'enseignement, du contrôle des armes à feu au Canada, des rapports avec les Amérindiens, de l'Aide juridique au Québec, etc. La vie politique des vingt-cinq dernières années ressemble à un cimetière d'idées.

Elle a piégé la classe politique, la manie de celle-ci de se précipiter tous les jours devant les micros et les caméras pour y esquisser des simagrées, y faire des numéros de chiens savants ou y énoncer des slogans ridicules. Le pouvoir de séduction des mots s'est usé; la réalité les a littéralement traversés.

Les systèmes publics sont paralysés fondamentalement par la dette publique. Le jeu des capitaux étrangers a brusquement fermé la porte à toute croissance possible de l'endettement. Il faudra, de plus, affronter un jour la colère des jeunes générations, dont l'avenir se trouve lourdement hypothéqué.

Les plus jeunes se rendent compte en outre que l'avenir est bouché pour eux en raison d'un régime subtil de privilèges qui modifie, à mesure qu'ils avancent, les règles du jeu qu'on leur avait enseignées. La formation scolaire et professionnelle et le mérite ne sont plus toujours des facteurs décisifs de promotion économique et sociale. La fainéantise de plusieurs enseignants, assortie d'un caporalisme intellectuel navrant, leur en donne de nombreux et éloquents exemples tous les jours dès le niveau des études collégiales. Les jeunes collégiens comprennent assez vite: ils conviennent de «se la fermer», puis de recevoir leur diplôme d'études collégiales, enfin de prendre leurs jambes à leur cou et de déguerpir.

À l'université, des professeurs permanents et payés grassement à y travailler à temps complet, cumulent des postes de consultation externe en cabinet privé sous prétexte d'un «sain rayonnement dans la communauté» et acceptent par surcroît des «missions gouvernementales» — des présidences de commissions, par exemple —, tandis que de nombreux diplômés de troisième cycle ayant atteint l'âge à la fois d'une production intellectuelle remarquable et de fonder une famille restent contraints à s'épuiser jusqu'à la fin de la trentaine dans des «charges de cours» maigrichonnes, sous-payées et dépourvues de tout encadrement apte à stimuler le développement intellectuel et le goût de la recherche.

De même, chacun connaît la filière qui permet aujourd'hui de passer directement et en douceur du militantisme politique de comté au travail en cabinet ministériel, puis d'être ou bien propulsé brusquement vers la haute fonction publique ou d'alunir, grâce à la technique de la glissade latérale intérimaire, au sommet d'une société d'État, dans le grand monde des affaires.

Mais revenons à la dette publique. Sous le couvert d'une vague justice de la redistribution, le secret du régime subventionnel consiste maintenant à fractionner à l'infini les dépenses de transfert des ministères et organismes gouvernementaux dans tous les secteurs névralgiques, de manière à couvrir le plus de terrain possible et à encercler les moindres activités des regroupements locaux les plus infimes, à les inscrire de force dans un vaste réseau de patronage d'État: la culture et l'agriculture, l'industrie, l'intervention sociale et internationale, la construction et les manufactures d'enseignement, le transport et la dépollution officielle, l'activité des professions libérales...

Transposant avec la plus grande candeur une philosophie d'entreprise dans les activités de l'État, les gouvernements d'ici considèrent désormais les citoyens comme une «clientèle» parmi laquelle ils répartissent mathématiquement et proportionnellement les services.

Cette philosophie tend maintenant à corrompre jusqu'au bipartisme politique: les adversaires de naguère se ressemblent de plus en plus; ils se partagent les faveurs, l'œil sur le pendule d'une alternance au pouvoir de deux termes en deux termes. Il s'en dégage des consensus suspects, des projets politiques, économiques et sociaux qui ne se distinguent plus que par les tournures. Au point que de plus en plus de citoyens, qui avaient milité activement dans des partis politiques jusqu'au début des années quatre-vingt, sont aujourd'hui à la recherche de rien de moins que d'autres formes de citoyenneté.

Quand l'État a réussi à arroser ainsi d'une pluie toute fine tout le monde et sa mère et à payer le prix, plus lourd encore, de l'entretien de la machine à arroser (où l'on a distribué les droits acquis), il ne reste évidemment plus rien pour les réformes en profondeur. Puis l'arrosage général recommence, faisant pleuvoir cette fois des compressions. Et plutôt que d'oppérer des choix, on «compresse» un petit peu un peu partout.

Dans le secteur de la justice, par exemple, Québec a entrepris, depuis 1993-1994, de couper 40 millions de dollars en trois ans. Au lieu de réformer le système judiciaire même de manière à en corriger les mécanismes structurels inéquitables qui le paralysent et le rendent inutilement coûteux, on consacre la première tranche de compressions de 16 millions (1994) à sabrer des postes ici et là.

Par ailleurs, le gouvernement laisse pourrir, et depuis longtemps, trois gros foyers d'infection: l'accessibilité aux services judiciaires, le mode de nomination des juges, le problème des délais interminables du système judiciaire à résoudre les litiges qui lui sont présentés soit par le corps social comme tel, soit par des personnes privées. Le laisser-faire et le bavardage, d'un «sommet» à l'autre, ont tant duré et les réformes tant tardé que les citoyens n'y croient plus.

Loin de reconnaître leur inaction et leur inaptitude à gérer de manière efficace les vastes systèmes qu'ils ont mis en place, les politiques et les grands commis de l'État se sont désormais donné le mot et ils communiquent leur message sur toutes les tribunes avec une amusante unanimité: plutôt que de s'attaquer à la réforme des systèmes, ils remettent le singe sur l'épaule des «consommateurs» de services en leur répétant *ad nauseam* que c'est à eux de choisir et que s'ils désirent toujours recevoir tel «service» (par exemple, celui de purger une peine de prison — on en est là, Québec en décidera bientôt!), il leur faudra «payer pour» ou du moins faire leur part et verser une «modeste contribution». Comme si les contribuables ne contribuaient pas déjà assez.

Car le concept de l'État-providence et de ses mécanismes de sécurité sociale s'est défini en se fondant sur l'utopie d'une «société assurantielle», alors que proliféraient, au début du siècle, les instruments d'assurance: pour conjurer le mal, c'est-à-dire l'«accident» (du travail, de santé, de voiture, etc.), on a élaboré le concept de «risque» et fait appel à la solidarité en socialisant la responsabilité[4]. Or l'État, qui a assumé la gestion de ces assurances, est au bout de son rouleau.

La classe politique n'a certes pas à porter seule toute la responsabilité de la crise; mais elle l'incarne et elle écope. Le vaste et profond dégoût des citoyens pour l'immobilisme de la classe politique entraîne un repli de celle-ci. Et le cercle vicieux se referme.

La magistrature en est éclaboussée

Il est difficile de spéculer sur les voies que peut prendre dans l'avenir immédiat la désaffection actuelle pour la classe et les institutions politiques. Il est cependant évident que la magistrature, «troisième pouvoir» de l'État, risque d'être affectée par la crise. D'autant plus que, contrairement aux systèmes français et italien, où les «petits juges» (d'instruction) font apparaître le droit, ces années-ci, comme une dernière espérance face à la corruption généralisée, le pouvoir judiciaire en Amérique du Nord joue un rôle qui ne lui donne pas l'initiative du jeu. La crise

---

4. Voir François Ewald, *L'État providence*, Paris, Bernard Grasset, 1986.

actuelle risque d'éclabousser le pouvoir judiciaire —
en vérité, elle l'affecte déjà — à un triple point de
vue.

D'abord, les réformes susceptibles de rendre le
système judiciaire à la fois plus accessible à la majorité, plus efficace et moins coûteux ne se font toujours
pas. Si les juges ont leur part de responsabilité dans
l'aménagement des intolérables délais du système, ils
n'en sont pas les premiers artisans. On ne peut exiger
des magistrats qu'ils se transforment en préfets de discipline parce que les avocats, le Barreau et les gouvernements n'osent pas réglementer la conduite des avocats en ce qui a trait à la multiplication tant des délais
injustifiés que des démarches juridiques inutiles et
inutilement coûteuses pour le système comme pour
leur clientèle.

Ensuite, la décision d'Ottawa de promulguer en
1982 la Charte canadienne des droits et libertés, et
d'accroître par là de manière substantielle le pouvoir
des juges en leur refilant bien des décisions délicates
que la classe politique n'osait plus assumer, risque de
transférer au pouvoir judiciaire, non élu, une partie du
discrédit dont la première est l'objet. La Charte a fait
des tribunaux canadiens des acteurs de premier plan
de la vie politique. On leur demande de critiquer
l'action législative des gouvernements et on leur laisse
la tâche d'établir les paramètres de la vie sociale.

L'application de la Charte constitutionnelle
encadre en effet une nouvelle «mission politique» des
tribunaux canadiens, qui doivent dorénavant trancher entre des valeurs fondamentales concurrentes.
Le discrédit qui menace ici le pouvoir judiciaire
ressortit au fait que de nombreux droits que d'autres

sociétés démocratiques tiennent pour fondamentaux — en particulier des droits sociaux, économiques et culturels[5] — sont absents de la Charte.

Les garanties inscrites dans celle-ci trahissent une approche individualiste de la vie en société. Le régime de la Charte permet au pouvoir politique de faire l'économie de débats démocratiques en transformant les problèmes sociaux en questions juridiques. Le Dr Jacques Gosselin écrivait à bon droit récemment, à propos du régime de la Charte:

> Il tend à présenter le statu quo des arrangements sociaux existants qui sont favorables aux plus nantis et à fournir à ces derniers un outil additionnel pour faire prévaloir leurs vues aux dépens de la majorité de la population[6].

La réduction d'un débat social à un litige judiciaire se trouve à fausser le premier, entre autres à cause des coûts qu'il entraîne et qui en écartent les plus démunis et parce que les juges chargés d'interpréter la Charte et de trancher le débat font partie de la classe dirigeante.

Les juges se voient dès lors placés dans la position difficile de trancher des conflits de valeurs dans le domaine social en présupposant d'entrée, avec la

---

5. Entre autres, le droit à ces besoins essentiels que sont la nourriture, le vêtement et le logement; à la sécurité sociale; au travail, à des conditions de travail justes et à la grève; le droit de participer à la vie culturelle, de profiter du progrès scientifique, etc. Sur l'ensemble de cette question, voir l'excellente analyse de Jacques Gosselin, *La légitimité du contrôle judiciaire sous le régime de la Charte*, Cowansville, Éditions Yvon Blais, coll. «Minerve», 1991.

6. *Ibid.*, p. 8.

Charte, que toute action législative est susceptible de rogner les libertés individuelles. Ainsi, des groupes minoritaires aussi bien nantis que peu représentatifs peuvent, grâce à des arguments de Charte, imposer d'autant plus leurs intérêts que les règles d'interprétation que s'est données la Cour suprême du pays sont larges[7].

Le processus de nomination des juges

Enfin, les tergiversations chroniques des autorités des deux paliers de gouvernement à instituer une bonne fois un processus de nomination des juges qui soit véritablement crédible risquent elles aussi, après toutes ces années, d'attirer le discrédit sur le pouvoir judiciaire.

Les tribunaux ne peuvent légitimement exercer leur nouvelle mission politique et, en même temps, être assortis d'un mode de nomination de leurs juges qui soit dépourvu de garanties raisonnables. Lors d'un colloque organisé à Montréal le 10 mars 1994 par l'Association québécoise de droit comparé, Mme Claire L'Heureux-Dubé, juge à la Cour suprême du Canada, a bien décrit la difficulté.

Pour savoir apprécier en effet la valeur réelle d'une candidature au regard des exigences objectives de la fonction, il faut que le ou les décideurs recueillent une foule de données de nature confidentielle. Bien au-delà des actions publiques de l'individu, il s'impose de scruter ses qualités et ses idées personnelles, sa valeur morale, d'examiner jusqu'à un

---

7. Voir *ibid.*, p. 17-122.

certain point sa vie privée. À bon droit, pensons-nous, la juge L'Heureux-Dubé estime que des audiences publiques sur le sujet, qui tendent à se transformer en cirque chez nos voisins du Sud, ne sont pas nécessairement le moyen idéal.

Par ailleurs, la solution du problème ne réside pas pour autant dans l'implantation d'un processus de nomination qui ouvre la porte à l'arbitraire, comme les régimes qui ont cours maintenant pour la nomination des juges par Québec et par Ottawa.

Les juges nommés par Québec (Cour du Québec et cours municipales de Montréal, Québec et Laval) le sont au terme de l'exercice suivant. Quand un poste devient vacant, le gouvernement doit publier un avis qui sera distribué à tous les membres du Barreau. La personne intéressée (il faut être membre du Barreau et avoir dix ans de pratique comme avocat) pose sa candidature ou celle-ci l'est par toute personne qui la juge apte.

Un comité de sélection entre ensuite en action, qui est composé de trois personnes nommées toutes les trois par le ministre de la Justice: un juge issu de la cour ayant un poste à pourvoir et dont le nom est recommandé par son juge en chef; un membre du Barreau choisi après consultation avec le bâtonnier; enfin, un représentant de la population. Le comité rencontre chaque candidat; après examen, il présente au ministre la liste des personnes dont il a retenu les noms. Le ministre recommande une nomination au Conseil des ministres et un décret gouvernemental désigne le nouveau juge[8].

---

8. Voir le *Règlement sur la procédure de sélection des personnes aptes à être nommées juges*, R.R.Q. 1981, c. T-16, r. 5.

Bref, le ministre a le pouvoir de nommer les trois membres du comité de sélection (et c'est Québec qui, déjà, nomme les juges en chef); il lui est aisé de faire soumettre par des tiers les candidatures souhaitées au comité de sélection; finalement, le ministre recommande, à même la liste des candidats aptes retenus par le comité de sélection, le candidat qu'il désire.

Ce processus de nomination est tendancieux et effectivement les avocats eux-mêmes ne lui reconnaissent guère de crédibilité. Quant au public, il a pu se former une opinion à la vue de certaines nominations évidemment politiques et qui n'avaient rien à voir avec la compétence.

Mme Raymonde Verreault fut nommée juge, d'abord à la Cour municipale de Montréal, le 1er octobre 1986. Le comité de sélection, formé par le juge en chef de cette cour à l'époque, M. Bernard Tellier, l'avocat Manuel Schacter et une dame profane du nom de Gauvin, n'avait pas retenu sa candidature parmi les personnes «aptes» à remplir la fonction (ce sont les termes du Règlement).

Or, quand le cabinet du ministre libéral de la Justice du temps, M. Herbert Marx, reçoit la liste des candidats aptes recommandés par le comité de sélection, il s'en montre insatisfait. Aussi le chef de cabinet du ministre Marx, Jacques LaSalle, passe-t-il un coup de fil intempestif au juge Tellier. Par le plus grand des hasards, le comité de sélection, obéissant comme tout, reconfectionne aussitôt sa liste en y ajoutant cette fois le nom de Mme Verreault, laquelle fut — nouveau coup du «hasard» politique — la candidate retenue par le gouvernement!

L'exactitude de ces faits, révélés par le journaliste Yves Boisvert dans le quotidien *La Presse* du
19 avril 1994, fut confirmée le même jour à
l'Assemblée nationale par le nouveau titulaire de la
Justice du gouvernement libéral de Daniel Johnson,
Roland Lefebvre. Plutôt que de lever le voile de la
confidentialité du processus de nomination de la juge
Verreault et de faire toute la lumière sur la question
— une démarche que prévoit et autorise expressément le *Règlement* —, le ministre préfère se garder
d'en éclabousser le Parti libéral du Québec à la veille
d'une élection. L'effet désastreux de ce geste n'est pas
seulement de laisser la juge Verreault se défendre
toute seule (alors qu'elle n'est point la première à
blâmer), mais surtout de salir toute l'institution de la
magistrature.

Le gouvernement conçoit l'«indépendance judiciaire» de la même manière qu'il conçoit l'«autonomie universitaire»: il invoque ces principes quand
la chose fait son affaire et il les bafoue en catimini
aussitôt qu'il y voit son intérêt. On appelle cela jouer
au yoyo — en l'occurrence, avec les institutions
démocratiques. C'est assez dégoûtant.

En ce qui concerne la nomination des juges par
Ottawa (Cour suprême, Cour d'appel, Cour supérieure, Cour fédérale, Cour canadienne de l'impôt), le
régime actuel a cours depuis 1989. Il existe un
Commissaire à la magistrature fédérale, auprès duquel
présente une demande pour lui-même tout avocat
(membre du Barreau de la province concernée) ayant
un minimum de dix ans de pratique; une autre personne peut également soumettre la candidature d'un
avocat ayant au moins dix ans de pratique. La

demande est dès lors examinée par l'un des douze comités de cinq personnes chacun (un comité existe dans chaque province et dans chaque territoire).

Les cinq membres de chacun de ces comités sont: un représentant (un non-avocat) du ministre fédéral de la Justice, un délégué du ministre de la Justice de la province concernée, un représentant du Barreau de la province, un autre de la division provinciale du Barreau canadien et un délégué du juge en chef de la province pour la juridiction visée par le candidat.

Chacun des cinq membres du comité procède à son enquête personnelle, puis le comité présente au ministre de la Justice du Canada une évaluation de chaque candidat («hautement qualifié», «qualifié» ou «sans recommandation») qui reste valide pour trois ans. C'est sur la foi d'un tel rapport que le ministre fédéral de la Justice formule une recommandation au Conseil des ministres, qui nomme le nouveau juge[9]. Précisons que les douze comités ont pu fonctionner jusqu'au 30 juin 1993. Après avoir longuement réfléchi à l'opportunité de reconduire le régime, le gouvernement libéral de M. Jean Chrétien a décidé, le 28 avril 1994, de le maintenir, mais non sans lui apporter quelques modifications de détail. Les comités provinciaux seront désormais composés de sept membres au lieu de cinq. Le ministre fédéral de la Justice choisira les membres de chaque comité parmi les candidats suivants: un membre juge, recommandé par le juge en chef de la Cour d'appel de la province; deux membres

---

9. Voir A New Judicial Appointment Process, Ottawa, ministère de la Justice du Canada, 1988; Judicial Appointments: Information Guide, Commissaire à la magistrature fédérale, Ottawa, 1988.

avocats, suggérés respectivement par le Barreau provincial et la division provinciale du Barreau canadien; deux membres non juristes, recommandés respectivement par les titulaires provincial et fédéral de la Justice; enfin, le ministre fédéral pourra ajouter deux membres à chacun de ces comités, qu'il choisira pour «représenter leur communauté».

Au lieu d'avoir un comité chacun, l'Ontario aura désormais trois comités régionaux et le Québec, deux. Les noms des membres de tous ces comités seront dorénavant connus du public. Un comité aura toujours le loisir d'accueillir les candidats en entrevue. L'évaluation, valide pour trois ans, que le comité fera d'un candidat («hautement qualifié», «qualifié» ou «sans recommandation») est maintenue. Fort de ces informations, le ministre fédéral arrêtera le nom du nouveau juge de son choix. Ottawa s'engage enfin à resserrer les critères de sélection des comités.

S'il est peut-être trop tôt pour évaluer le nouveau processus implanté au palier fédéral, un certain nombre d'évidences paraissent se dégager des expériences canadienne et québécoise. Si l'on tient pour acquis que l'examen des candidatures ne doit pas se faire sur la place publique, il faut que les comités fédéraux et québécois soient considérablement élargis (une dizaine de personnes) et soient dotés non pas d'un pouvoir décisionnel (il appartient aux élus de nommer les juges), mais d'un très fort pouvoir de recommandation. Autrement dit, un corps *électoral* devrait voter à la majorité sur une recommandation de nomination à présenter au gouvernement.

Il importe de plus que le corps électoral compte des représentants de la Cour suprême (pour le collège fédéral) et de la Cour d'appel (pour le collège provincial). Il serait aussi indiqué qu'à côté des délégués du gouvernement, des députés *élus* par le Parlement fédéral ou provincial, selon le cas, et des représentants *élus* par le Barreau à cette fin soient du collège. Enfin, des mécanismes précis d'enquête et d'entrevue des candidats s'imposent pour permettre au collège électoral de mener à bien sa tâche. Tel est, en gros, le processus de nomination des juges en Israël, que la juge Claire L'Heureux-Dubé proposait à la réflexion des participants au colloque tenu à Montréal en mars 1994.

En somme, pour que le système judiciaire reste crédible aux yeux de l'opinion publique, les gouvernements devront réformer, et bientôt, le mode de nomination des juges.

L'obligation de rendre des comptes

La magistrature est sur la sellette aujourd'hui également parce que les citoyens ordinaires, après s'être convertis en consommateurs plus ou moins enthousiastes de services juridiques au début des années soixante-dix, se sentent un peu les dindons de la farce: ils paient cher pour des services qui, en somme, leur sont peu accessibles et dont l'efficacité est douteuse.

À la suite des grandes réformes destinées à assurer à tous, sans considération de revenu et d'origine, des soins de santé adéquats et à ouvrir à tous les jeunes les portes de l'enseignement postsecondaire, un régime public d'Aide juridique s'imposait pour les plus défavorisés qui avaient à défendre leurs droits en matière criminelle, civile et dans certains secteurs du droit administratif. Le régime serait financé à même les impôts de l'ensemble de la collectivité québécoise et canadienne (au Québec, le volet criminel est aujourd'hui financé à 44 p. 100 par Ottawa).

En parallèle, le gouvernement provincial créait, au début des années soixante-dix, la Cour des petites créances, qui permettait aux citoyens désireux de faire trancher rapidement par un tribunal civil des petits litiges sans avoir à recourir aux coûteux services d'un avocat. À la même époque, un nombre croissant de couples avait commencé à recourir aux tribunaux pour obtenir une séparation de corps ou un divorce, voire pour forcer un ex-conjoint à verser la pension alimentaire prescrite par la cour. La mise en place de services de médiation évitait aux citoyens d'y engloutir leur fortune en honoraires d'avocats et d'experts.

C'était également l'époque où proliféraient une variété de litiges, désormais judiciarisés, en matière de protection du consommateur, de droit du travail et de santé au travail. La promulgation de la Charte des droits de la personne du Québec et la création de la Commission des droit de la personne, à peu près au même moment, ouvraient également la voie à de nouveaux litiges relatifs au respect des droits fondamentaux et aux comportements discriminatoires.

De son côté, le nouveau Code des professions tenait désormais «la protection du public» pour l'objectif premier d'une quarantaine de professions au Québec. Voilà qui devait intensifier les activités quasi judiciaires des comités de discipline au sein de chaque profession et amener de nouveaux clients à remettre en cause la qualité de certains services professionnels.

On pensera enfin à l'institution, à la fin des années soixante-dix, de la procédure du recours collectif, au progrès des litiges touchant l'environnement et l'immigration, aux recours relatifs à la protection du malade mental et des personnes devenues incapables de gérer leurs biens, au développement qu'a connu, dans le cadre d'un nouveau régime judiciaire de protection de la jeunesse, l'ancienne Cour du bien-être social...

C'est dire qu'on assistait à un processus de juridiciarisation croissante de la vie en société. L'appareil judiciaire devenait lourd, complexe et de plus en plus coûteux pour les contribuables. Le citoyen devenait un *consommateur* de services judiciaires.

Comme pour les services de l'Aide juridique, c'est le Trésor public qui, en fait, *subventionne*, et à grands frais, l'appareil judiciaire tout entier: le réseau des districts judiciaires, ses établissements et son nombreux personnel, l'organisation et la gestion des tribunaux de toutes juridictions, les dépenses d'immobilisations et d'équipement, les traitements des juges, des officiers de justice et de tout le personnel de soutien, la gestion des dossiers, etc.

Même si un tribunal est saisi d'un litige privé, pour lequel les parties paient de leur poche leurs avocats et compensent l'État pour certains frais judiciaires, la multiplication des démarches judiciaires inutiles et farfelues crée une pression financière importante sur l'ensemble des contribuables: mis à part leur coût, ces pratiques accaparent inutilement les juges et tout le personnel judiciaire, elles brûlent, souvent pour le plaisir, le rare temps d'audition disponible aux citoyens, elles surchargent les rôles et engorgent le système.

Le public a une conscience de plus en plus vive d'un vaste gaspillage de services judiciaires et de ressources. En même temps, les citoyens ordinaires, qui ne sont ni très riches ni absolument démunis — c'est-à-dire la très vaste majorité des contribuables —, ont un accès réel de plus en plus rétréci au système judiciaire: ils n'ont pas le revenu qui leur permettrait ni d'entreprendre une action judiciaire d'importance ni de s'en défendre; en même temps, ils ne sont pas assez démunis pour être admissibles à l'Aide juridique.

Tout ce qu'on demande, en somme, à la vaste majorité des citoyens, c'est qu'ils financent les services judiciaires; en même temps, on leur en ferme concrètement l'accès. Voici quelques chiffres qui donnent une idée du problème.

Le régime de l'Aide juridique au Québec inscrivait des dépenses totales de 105,6 millions de dollars en 1992. Cette même année, sur 328 449 demandes d'aide, 298 783 étaient acceptées: 56,5 p. 100 sont des affaires civiles, 43,5 p. 100 des causes de droit criminel. Le régime permet au justiciable de prendre, à son choix, un avocat salarié de l'Aide juridique (57 p. 100 des clients le faisaient) ou un avocat de pratique privée qui accepte de réaliser un mandat de l'Aide juridique (43 p. 100).

Si le traitement des avocats salariés du régime absorbe, en traitements et en avantages sociaux, plus de 53 p. 100 du budget de 105 millions de dollars, les mandats confiés à des avocats de pratique privée coûtaient 30,4 millions de dollars à l'Aide juridique en 1992. Pour un nombre restreint d'avocats de pratique privée, ces mandats se révèlent payants. Deux d'entre eux avaient touché en 1992 entre 200 000 $

et un demi-million de dollars et soixante-sept autres, entre 75 000 $ et 200 000 $. Lors de la création du régime, le gouvernement Bourassa se proposait de n'y consacrer que des avocats salariés. Mais les pressions corporatistes exercées par le Barreau, au nom d'une bien discutable «liberté de choix», l'ont emporté.

En 1993, on n'est plus admissible aux services de l'Aide juridique, sauf exceptions, quand on touche un revenu annuel brut supérieur à 8 865 $ si l'on est une personne seule, à 10 950 $ si l'on forme un couple et à 12 775 $ pour un couple ayant deux enfants. Voilà qui signifie, pour une personne seule, un revenu hebdomadaire brut de 170 $; de 210 $ si l'on est un couple; de 210 $ à 280 $ pour une personne seule ayant entre une et cinq personnes à charge, de 230 $ à 300 $ pour un couple ayant entre une et cinq personnes à charge[10].

Précisons que ces seuils n'ont guère varié depuis 1981, sauf pour les familles et les couples sans enfants, auxquels on a consenti une légère augmentation en 1985. Une donnée importante, enfin: 23,4 p. 100 de l'ensemble des contribuables et conjoints étaient admissibles à l'Aide juridique en 1992.

Le gaspillage

Quelques exemples concrets, tous puisés dans des dossiers de la chambre criminelle de la Cour du Québec à Montréal, donnent une idée du genre de gaspillage que le système impose aux contribuables.

---

10. Pour l'ensemble de ces données, voir l'étude intitulée *L'aide juridique au Québec: une question de choix, une question de moyens*, ministère de la Justice, Québec, juin 1993.

Pour une simple entrée par effraction commise en février 1991, H. R. a comparu aussitôt. Après dix-sept apparitions en cour, durant presque trois ans, le litige restait toujours à déterminer en février 1994. Sur dix-sept comparutions, quinze n'ont consisté qu'à reporter l'affaire à des dates ultérieures. Deux comparutions se sont révélées utiles: une enquête sur la libération provisoire (une séance de vingt-deux minutes en février 1991) et un plaidoyer de culpabilité (deux minutes en tout) en novembre 1992. L'accusée avait renoncé à l'enquête préliminaire. Depuis novembre 1992, la sentence a été reportée au moins cinq fois[11].

Accusé de quatre petites transactions de cocaïne en octobre 1991, P. H. a dû revenir quatorze fois en cour en vingt-sept mois. À la fin de 1993, le litige restait à déterminer. Après une enquête préliminaire qui a duré treize minutes en décembre 1992, il a plaidé coupable en mai 1993 (une séance de neuf minutes). La sentence a été sans cesse reportée depuis lors. Rien de moins que douze juges différents ont eu son dossier devant eux[12].

I. X. avait commis en octobre 1990 une escroquerie dans le cadre de la préparation d'un contrat. Cette affaire pourtant fort simple, la Cour du Québec a mis trente-cinq mois à la résoudre. À la fin de novembre 1993, l'accusé plaidait coupable et était condamné à trente jours de prison (une séance de trois minutes seulement). Après sa comparution éclair en décembre 1990, l'homme était revenu quatre fois

11. Cour du Québec à Montréal, dossier n° 500-01-002531-918.
12. *Ibid.*, dossier n° 500-01-026094-919.

en cour en 1991, toujours pour de simples remises (la quatrième fois, il en a profité, en soixante secondes, pour renoncer à l'enquête préliminaire). Ensuite, sur deux ans, il est revenu en cour pour onze nouvelles remises de procès. Durant ces trois ans où il ne s'est à peu près rien passé en cour, l'accusé a mobilisé successivement cinq avocats pour le représenter[13].

La jeune B. G. fut accusée en février 1991 de voies de fait simples sur un policier. L'affaire s'est terminée presque trois ans plus tard (en décembre 1993) par un très bref plaidoyer de culpabilité à une accusation réduite d'entrave. Elle obtint une absolution inconditionnelle, ce qui donne une bonne idée de la «complexité» de l'affaire… Une enquête préliminaire de onze minutes avait eu lieu en juin 1991. Pendant les deux ans et demi qui ont suivi, l'affaire est revenue neuf fois en cour, chaque fois pour être reportée à une date ultérieure[14].

B. D. comparaît à l'été 1991 pour un vol. Après onze apparitions inutiles en cour, la femme renonce à l'enquête préliminaire. Ensuite, le procès est trois fois reporté. Lors d'une séance qui dure dix minutes en juillet 1992, elle plaide coupable à l'accusation. Le juge a reporté sans cesse la sentence depuis lors. En décembre 1993, l'affaire était toujours pendante[15].

Deux types arrêtés en mai 1991 pour avoir comploté un trafic de cocaïne étaient, au début de 1994, revenus trente-trois fois en cour, dont vingt fois pour de simples remises. À ce petit jeu, les coaccusés ont

13. *Ibid.*, dossier n° 500-01-025886-901.

14. *Ibid.* dossier n° 500-01-009392-918.

15. *Ibid.*, dossier n° 500-01-014625-914.

«passé» la moitié des juges de la chambre criminelle de la Cour du Québec à Montréal et quatorze procureurs de la Couronne différents.

L'enquête sur cautionnement avait été remise cinq fois en quinze jours. Quand elle se tint, elle dura cinq minutes. Un an se passera, et huit nouvelles remises, avant que s'instruise, en moins d'une heure, l'enquête préliminaire. Les deux accusés reviendront ensuite quinze fois en cour pour leur procès, dont huit pour de simples remises. Enfin, le procès, instruit par le juge Gilles Cadieux, a vraiment commencé en décembre 1992. Il s'étale depuis lors, absolument émietté. Il n'était toujours pas terminé au début de 1994[16].

Un Iranien sans statut légal au Canada, E.-R. A., avait été pris en flagrant délit de possession d'une centaine de grammes d'héroïne en août 1991. Après plus de deux ans et demi dans le système judiciaire criminel, l'affaire est toujours pendante. Il y a eu quarante-deux comparutions en cour, dont vingt-six remises. Le coût est ici considérable, puisque l'homme, toujours détenu depuis le début, doit être transporté chaque fois à la cour.

Durant toute cette période, que s'est-il passé? L'enquête préliminaire, après avoir été reportée quatre fois, a duré quatorze minutes. Le procès fut reporté vingt fois. Et le jour où enfin il commence, en décembre 1993, l'accusé plaide coupable. Après avoir fait reporter sans cesse le procès, les avocats du prévenu avaient plaidé, invoquant la Charte des droits et libertés, les... délais déraisonnables, en même temps

16. *Ibid.*, dossier n° 500-01-009013-910.

qu'une suite de requêtes pour remise en liberté. L'accusé ne cherchait qu'à gagner du temps: militaire ayant déserté l'armée iranienne, il repoussait sans cesse la condamnation, qui entraînerait vraisemblablement la déportation et, dans son pays d'origine, craignait-il, la peine de mort pour désertion[17].

Enfin, un fraudeur chevronné, G. L., mourait en décembre 1993. Les dernières fraudes qu'on lui reprochait remontaient au milieu des années quatre-vingt. Accusé en 1987, il avait réussi, tant bien que mal, à contester en Cour supérieure la forme des accusations. La Couronne les avait reformulées ensuite et portées de nouveau. L'accusé en avait contesté de nouveau la teneur, jusqu'à la Cour d'appel (ce recours a pris trois ans), qui a jugé farfelues les demandes de l'accusé.

Contraint de faire face à la musique, G. L. finissait par plaider coupable à la plupart des accusations en mars 1993. Alors qu'il n'avait jamais eu un rond, et là moins encore que jamais, la cour a reporté sans cesse la sentence de mars à décembre sous prétexte que l'accusé «rembourserait» ses victimes. Il est mort avant de le faire et les victimes n'ont pas récupéré un sou des 250 000 $ que l'homme leur avait extorqués.

On pourrait citer des cas pareils par centaines[18]. Le gaspillage de temps, d'argent et d'énergie qu'entraîne le régime indécent des remises affecte évidemment les témoins et les victimes de délits, qui sont convoqués à la cour et qui y perdent des journées de travail pour

---

17. *Ibid.*, dossier n° 500-01-016595-917.

18. Voir, entre mille, *ibid.*, dossiers n°s 500-01-017486-918; 500-01-018472-917; 500-01-019183-919; 500-01-26186-913; 500-01-026067-915; 500-01-005831-919; 500-01-023025-916; 500-01-018765-914, etc.

rien, souvent à leurs frais. À la fin de la journée, on les renvoie chez eux pour une variété de raisons insipides, qui tiennent le plus souvent à la désorganisation chronique des avocats, qui fonctionnent au volume, pratiquent l'*over-booking* et cherchent à se retrouver dans plusieurs salles en même temps.

Québec débourse chaque année quelque trois millions de dollars à indemniser des témoins. En 1992, la Sûreté du Québec a dépensé six millions de dollars en temps supplémentaire payé à ses agents qui étaient requis de venir déposer en cour. Sur 1 000 témoins qui s'étaient présentés, 780 n'avaient pas eu à témoigner. C'est plus d'un million de dollars par an que le Service de police de la CUM, tout comme la Sûreté municipale de Hull, dépense annuellement en temps supplémentaire pour des assignations comme témoins inutiles.

De nombreux prévenus, détenus à titre préventif en attendant leur procès, ont un intérêt objectif, s'ils se proposent de plaider coupables éventuellement, à le faire le plus tardivement possible et donc à étirer délibérément le processus. C'est que les juges ont pris l'habitude, quand ils finissent par prononcer une sentence, de compter en double le temps de prison déjà purgé à titre préventif. Les pressions qu'exerce ce gaspillage indécent sur les services de détention sont énormes: le coût de ceux-ci a crû au Québec de 87,7 millions à 137,1 millions de dollards depuis 1987 (soit une hausse de 56,4 p. 100).

Voilà quelques-unes seulement des raisons qui incitent les contribuables à commencer à demander des comptes aux responsables de la gestion de l'appareil judiciaire. Une masse de plus en plus importante de citoyens comprend que le système judiciaire, dont l'objectif est de résoudre des litiges — criminels et civils, de droit public et de droit privé —, roule souvent à vide ou sur lui-même, et à grands frais, en éternisant, en reportant sans cesse, souvent sur plusieurs années, les auditions prévues.

Il est étonnant qu'à l'ère de l'électronique et de l'informatique, il soit nécessaire, pour le moindre contretemps, de faire une nouvelle apparition de quelques secondes en cour (et en attendant longuement son tour) simplement pour venir «chercher une date», celle de la prochaine comparution. Chaque fois, cela mobilise un juge, les avocats des deux parties, le personnel de la salle des dossiers, les huissiers de la cour, le personnel du greffe pour la préparation du rôle et l'inscription des données de la séance dans le système informatique, les secrétaires judiciaires qui rédigent les procès-verbaux… Tout un remue-ménage pour «aller quérir une date».

Certains juges sont, en cour criminelle, de véritables «datiers». Ils produisent des dates, ils distribuent des dates. Dans cette cour, à Montréal, le juge coordonnateur et un juge coordonnateur adjoint inscrivent au programme rien de moins qu'entre cent et deux cents causes par jour, dont on reporte — forcément! — plus de la moitié à d'autres «dates»… Après tout, ces séances quotidiennes durent rarement plus de quatre heures et demie.

La plupart des citoyens ont affaire au système public de santé, où les choses fonctionnent tout autrement. Un rendez-vous chez le médecin, en clinique ou en hôpital pour une prise de sang ou une radiographie, n'est pas, normalement, reporté indéfiniment à un autre jour sous prétexte que l'infirmière ou le médecin ont des «problèmes d'agenda» ou ne sont pas «prêts à procéder». Surtout, le médecin n'est pas rémunéré chaque fois qu'il se contente de reporter un rendez-vous à un autre jour, comme le sont au contraire les avocats de pratique privée qui acceptent, aux frais des contribuables, des mandats de l'Aide juridique.

Le report continuel des causes en matière criminelle entraîne des coûts de plus en plus insupportables pour l'État et pour la société. Les contribuables, qui doivent supporter collectivement le coût croissant de services judiciaires qu'ils ne sont pas en mesure de se payer eux-mêmes, réclament des comptes au ministère de la Justice, aux avocats et aux juges qui tolèrent ces pratiques aberrantes, sinon les érigent en système.

Au nom de l'indépendance judiciaire, les juges exigent de Québec une plus grande autonomie dans la gérance de leur budget de soutien administratif? Ils pourraient commencer par expliquer aux citoyens pourquoi tant de gaspillage est toléré dans des salles de cour où ils sont pourtant censés agir en maîtres absolus.

La gestion du ministère de la Justice n'est évidemment pas partout un modèle à cet égard, ainsi que l'illustrait amplement le rapport du Vérificateur général du Québec déposé en décembre 1993 à l'Assemblée nationale. Mais la part des juges dans la gestion parfois incohérente et gaspilleuse des services judiciaires est indiscutable. Et les contribuables ne sont guère disposés à recevoir à ce sujet des réponses autoritaires ni à se faire traiter comme si, en cela, ils s'immisçaient dans ce qui ne les regarde pas.

La sensibilité du citoyen à l'égard des juges aujourd'hui peut s'exprimer à l'aide d'un double paradoxe.

Proximité et distance

Jusqu'à la fin des années soixante, les juges restaient des personnages plutôt absents de la conscience populaire québécoise. Un nombre fort restreint de citoyens ordinaires avaient affaire à un juge au cours de leur vie. On se mariait à l'église et on divorçait peu. Les petits criminels récidivistes, d'une part, et, de l'autre, les gens d'affaires en matière commerciale constituaient des exceptions.

Pour l'ensemble des citoyens, le juge restait un personnage lointain, une grandeur mythique, que soulignaient du reste leurs manières aristocratiques et condescendantes. Les juges étaient «dans les honneurs», comme on disait. C'étaient des seigneurs. Plusieurs fumaient le cigare. Enfin, les gens n'étaient pas loin de penser qu'ils sortaient directement de la cuisse de Jupiter et qu'un sang royal les animait.

Les choses ont grandement changé. La multiplication vertigineuse des lois, des règlements et des décrets dans un État moderne, de même que la création, depuis vingt-cinq ans, d'une multitude de recours judiciaires, a certainement rapproché considérablement les juges des citoyens.

Le phénomène, faut-il ajouter, a fini par faire de la majorité des citoyens des délinquants, dont un grand nombre s'ignore, qui finissent, un jour ou l'autre, par avoir à se présenter devant un juge, ne serait-ce que pour s'expliquer, face à leur municipalité, sur le type de laisse qui leur sert à promener le chat ou sur l'apparence qu'ils ont donnée, lors de sa réfection, à une fenêtre de leur demeure dans telle rue de banlieue...

Le régime judiciaire canadien postule toujours que «nul n'est censé ignorer la loi». Mais, en vérité, on peut affirmer aujourd'hui qu'un être humain normalement constitué, fût-il avocat, est de moins en moins capable de connaître la loi. C'est dire que la loi et les juges sont de plus en plus omniprésents dans la vie des citoyens.

En même temps, la magistrature reste relativement loin des citoyens — une distance que la proximité nouvelle des juges ne rend pas sans péril. Au moins trois facteurs consacrent cette distance.

Le premier facteur dérive inévitablement des modalités du recrutement des juges. Il importe d'être un avocat et d'avoir au moins dix ans d'exercice. La question n'est pas de savoir si cette double exigence est justifiée ou non. Dans les faits, cependant, il en résulte que la classe des juges présente une composition *sociale* assez uniforme. Les juges proviennent à peu près tous de la même catégorie sociale: avocats d'âge moyen, ils ont, en règle générale, réussi dans la pratique privée (pour la majorité), sinon dans le monde des affaires. À leur entrée dans la magistrature, ils reflètent en général les intérêts d'une classe économiquement et socialement favorisée — une situation que prolonge le traitement avantageux des juges.

Une étude menée en 1983 a relevé quelques traits socioprofessionnels des juges de première instance au Québec, en l'occurrence les juges de la Cour supérieure et ceux de la Cour du Québec (dont

ÉLOGE DE
L'«INDÉPENDANCE JUDICIAIRE»

En 1981, Aurèle Courty avait inventé, sur sa table de cuisine du quartier Saint-Henri à Montréal, un couteau spécial capable de couper pipes et tuyaux. Le Ratch-Cut des plombiers et bricoleurs.

Pour fabriquer en série et mettre en marché sa trouvaille, il avait eu recours à l'entreprise H. T. Mould, de Ville Saint-Laurent. Le contrat est signé en 1982, mais un litige survient entre les parties, qui amène M. Courty à réclamer de la Cour supérieure de Montréal, en 1987, une injonction en vue de protéger ses droits*.

L'injonction est une procédure d'urgence. L'enjeu est gros pour les deux parties: on veut pénétrer les marchés européens. Le tribunal accorde une injonction temporaire, qui paralyse tout jusqu'à ce que le litige soit examiné quant au fond.

C'est le juge Michel Côté qui instruit l'affaire sur le fond. Il la prend en délibéré le 7 avril 1989. Il «délibérera» trois ans et huit mois là-dessus, jusqu'en décembre 1992. Quand le juge accouche finalement d'une décision, le litige n'a plus d'objet.

Entre temps, la société H. T. Mould a vu s'envoler tout le marché d'outre-mer et de gros revenus. Quand tombe la décision, il est trop tard. Pour ce qui est de l'inventeur Courty, ruiné, il a dû regagner son patelin de Causapscal, en Gaspésie, où il vit maintenant de l'aide sociale.

---

* Cour supérieure de Montréal, dossier n° 500-05-002917-878.

les trois chambres portaient des noms différents à l'époque)[19].

Il en ressort que sur un total de 384 juges, les deux tiers avaient un père qui pratiquait une profession libérale ou était dans le monde des affaires. Et parmi les premiers, un grand nombre avaient un père qui exerçait une profession juridique. Un juge sur six, au total, était de cette catégorie (notons que l'étude manquait de données pour une quarantaine de juges ou 10 p. 100 de l'ensemble). Autre donnée importante: 186 juges (48,4 p. 100), à l'époque, avaient été les associés d'avocats devenus eux-mêmes juges. La situation a-t-elle radicalement changé depuis dix ans? On peut en douter.

Ces chiffres expliquent pourquoi — et c'est le deuxième facteur qu'il convient de retenir — les juges reflètent et reproduisent les valeurs de la profession juridique et du système judiciaire dans lequel ils ont évolué depuis leur jeunesse. Or il faut bien voir que *ces valeurs ne sont pas et n'ont jamais été celles du commun.*

Qu'on remonte en effet aux décennies qui ont précédé la démocratisation, à la fin des années soixante, des études postsecondaires. L'action politique (comme député ou grand commis de l'État) constituait alors l'une des voies privilégiées de la carrière d'avocat au

---

19. Voir Monique Giard et Marcel Proulx, *Pour comprendre l'appareil judiciaire québécois*, Québec, Presses de l'Université du Québec, 1985, p. 68-83. On peut comparer les deux études antérieures de Guy Bouthillier, «Profil du juge de la Cour supérieure du Québec», dans la *Revue du Barreau canadien*, t. 55 (1977), fasc. 3, p. 436-499, et «Profil du juge de la Cour des sessions de la paix», dans *Revue du Barreau*, t. 38 (1978), fasc. 1, p. 13-51.

UN CLIENT DE PLUS

René C. a trente-trois ans et toutes ses dents. Le 25 avril 1994, il se présente devant le juge Bernard Grenier, de la Cour du Québec à Montréal*. Accusé d'ivresse au volant, il désire plaider coupable, sans avocat.

«Je suis coupable», dit-il d'entrée. Le juge insiste pour qu'il voie d'abord un avocat. «J'ai parlé à un avocat ce matin, précise René. Il m'a expliqué mes droits, et tout ça. Puis, je suis coupable.»

Pour le juge, ça ne suffit pas. Il voudrait que l'accusé consulte un deuxième avocat. L'accusé ne veut rien entendre. «Vous êtes sûr?...» demande le juge. Il en est tout à fait certain. Le juge insiste alors pour qu'il ne plaide coupable qu'à l'un des deux chefs d'accusation. René se dit d'accord.

Comme cependant l'éthylomètre avait marqué une concentration de 100 à 110 milligrammes d'alcool dans le sang lors de l'infraction, le seuil critique étant de 80, le juge estime que la marge est faible pour plaider coupable... Aussi lui propose-t-il de retirer ses aveux. «Si vous voulez retirer votre plaidoyer, je vais l'accepter... Si j'étais à votre place, monsieur, je plaiderais non coupable. — Non coupable, d'abord!» lance l'accusé, exaspéré. On tiendra donc un procès.

Et le juge, qui partage sa vie avec une avocate de la défense, en remet sur la rôtie: «Comprenez-moi, monsieur, ce n'est pas parce que je veux faire faire de l'argent à des avocats...» Tout le monde avait compris.

---

* Cour du Québec à Montréal, dossier n° 500-01-001004-941.

Canada français, tandis qu'au Canada anglais les avocats montraient une préférence pour les cercles d'affaires.

Le Québec fut longtemps dirigé, sur le plan politique, par un noyau d'avocats, qui appartenaient d'emblée, à l'époque, à la classe dirigeante, sinon à la classe possédante. Il n'en allait pas autrement à Ottawa, où les avocats canadiens-français tendaient à prendre officiellement la direction des affaires politiques, tandis que les avocats d'affaires d'expression anglaise, liés à la bourgeoisie d'affaires *canadian*, manœuvraient plutôt dans les coulisses.

En conséquence, les dirigeants politiques traditionnels d'ici n'ont jamais, du moins jusqu'au milieu des années soixante-dix, *exprimé* dans les lois canadiennes ou québécoises un ordre social qui émanait réellement de la collectivité. Ils ont plutôt *imprimé* à l'ordre social la vision économique, politique, sociale, voire culturelle qui était la leur et qui reproduisait une idéologie libérale axée d'abord sur la libre disposition, par le sujet économique individuel, de la propriété privée, puis appliquée à conjurer, au moyen d'une sorte de capitalisme d'État et d'essence nationaliste (au Canada anglais comme au Québec), les forces irrationnelles de l'ordre social que faisaient apparaître le phénomène cardinal de l'industrialisation.

Que le libéralisme fût une idéologie, c'était évident depuis longtemps. Mais la collectivité en a eu une conscience vive quand, à propos de tout et de rien, cette compréhension du réel a pris l'allure d'une religion; quand elle est devenue doctrine, catéchisme, pourfendeuse d'hérésies; quand il est devenu clair qu'appréciant les slogans et autres raccourcis intellectuels, elle empruntait une langue stéréotypée et sim-plificatrice de la réalité, offrait une philosophie du bonheur articulée autour de l'économie ou la «crois-sance» et préconisait une éthique collective, donc politique, assujettie à la réalité économique.

Mais il n'est pas besoin de remonter si loin dans le temps. La Charte canadienne des droits et libertés, promulguée en 1982, exprime clairement un net parti pris pour les droits individuels et elle n'a pas manqué de faire apparaître, depuis lors, ses tendances de fond.

Ainsi, les tribunaux supérieurs du Québec se sont montrés beaucoup plus spontanément portés à com-prendre la liberté d'expression comme celle, sacrée, de l'affichage *commercial* que comme la garantie offerte à la discussion publique par médias interpo-sés[20]. De même, la liberté de religion a servi d'abord aux commerçants à ouvrir leurs boutiques et étalages le dimanche.

Pareillement, l'interprétation de la loi qu'esquis-saient en juillet 1989 les juges majoritaires de la Cour d'appel du Québec dans l'affaire *Chantal Daigle* c. *Jean-Guy Tremblay* à propos de l'avortement écartait le droit absolu de la femme enceinte de disposer d'elle-même en interrompant une grossesse: le fœtus, expliquait-on, l'emportait ou bien quant au poids des inconvénients (juge Louis Lebel), ou bien à cause de son statut civil qui lui conférait un droit «naturel» à la vie (juge Yves Bernier), ou bien parce que le Code

---

20. Voir la décision de la Cour d'appel du Québec dans *Irwin Toy* c. *Procureur général du Québec* (1986), *Recueil de jurisprudence du Québec*, 2441, 32. La décision fut cassée par la Cour suprême du Canada: *Irwin Toy* c. *Québec (Procureur général)*, (1989) 1 R.C.S. 927.

civil du Québec présupposerait un droit du fœtus à la vie, opposable à celui de la mère (juge Marcel Nichols).

Ce dernier arrêt, bientôt cassé par la Cour suprême, prenait le détour de la loi pour perpétuer, sans le vouloir, certes, l'inégalité sociale de fait des sexes, notamment en recourant à un concept non critiqué de la «nature» dont la philosophie catholique romaine faisait et fait toujours la promotion en matière de contraception. On tenait dès lors, au nom d'une règle fictive de droit, que le rapport entre un homme et un fœtus est équivalent à celui de ce dernier avec sa mère, comme si une émission «ponctuelle» de sperme pouvait se comparer à une grossesse de neuf mois, à un accouchement et à toute la suite de l'histoire.

Toujours est-il que la distance réelle qui persiste entre les juges et l'ensemble de la population tient pour l'essentiel dans les valeurs que véhiculent toujours ceux et celles qui ont baigné dans les professions juridiques.

En raison de l'étendue de l'objet même du droit — une amplitude qui dépasse, et de loin, celle des objets de la plupart des autres disciplines ayant une portée pratique —, le discours du praticien du droit porte, implique et traduit toujours une certaine vision du monde, un certain regard global sur l'ensemble de la réalité. Il ne s'agit pas seulement d'un vocabulaire spécialisé, mais encore d'un véhicule de valeurs particulières qui sont loin, aujourd'hui, de faire l'unanimité.

Ainsi, les juges, comme les avocats, finissent par être spontanément portés à penser que la justice four-

LE RACKET PUBLIC DES «DOSSIERS SÉPARÉS»

En dehors de la région de Montréal, les hauts fonctionnaires de la Justice en région ont découvert l'astuce qui permet aux palais de justice de province d'engraisser artificiellement les statistiques et d'y maintenir des budgets élevés et de nombreux employés.

Quand un individu est visé, dans une affaire criminelle, par deux, trois ou dix chefs d'accusation, et bien qu'il s'agisse du même incident (une entrée par effraction, par exemple, accompagnée d'un vol, d'un recel, etc.), on «ouvre» autant de dossiers qu'il se trouve de chefs d'accusation. Et si l'accusé était en probation au moment de l'infraction ou s'il fait défaut de se présenter en cour lors d'une vacation, un autre dossier est ouvert pour ces infractions additionnelles liées à l'incident.

Voilà qui multiplie le travail et crée de l'emploi: les procès-verbaux inutiles (un par dossier) s'accumulent au fil des apparitions en cour; toutes et chacune des fois que l'affaire revient devant le tribunal, chaque dossier ajoute une ligne à la liste du maître des rôles et les employés du greffe criminel doivent inscrire au plumitif informatisé un résumé du procès-verbal de chaque dossier; enfin, les commis doivent transporter chaque fois tous les dossiers de la salle des dossiers à la cour désignée, puis les reclasser à la salle des dossiers.

À la fin de l'année, les chefs de service peuvent se tirer les bretelles et se vanter à Québec d'avoir «traité» tant de dossiers... et s'assurer d'un bon budget pour l'année qui suit.

nit des solutions claires et tranchées aux problèmes complexes. Évidemment, un tribunal doit finir par décider, par trancher. Mais la vision juridique de l'homme, de la vie en société et, plus généralement, de la nature et du monde comporte un effet réducteur indiscutable. Le danger est que le spécialiste s'en tienne là.

Et là réside un troisième facteur de distance entre la magistrature (comme le champ général des professions juridiques) et l'ensemble des citoyens. L'ouverture à tous des études postsecondaires a en quelque sorte socialisé à grande échelle une approche désormais plurielle du savoir et des lectures de la réalité, en général, et de l'action sociale et politique en particulier. Le praticien du droit reste évidemment un spécialiste de la parole, et de la parole publique; mais c'est une fonction qui est désormais très largement partagée.

La prolifération des discours variés dans la vie collective et à propos de celle-ci a institué une distance évidente et nouvelle — une *distance critique*, qui relativise — entre la vision juridique de l'ordre social et les autres perspectives. Pour n'en mentionner que quelques-unes, parmi les seules «sciences humaines», relevons celles de la psychologie et de la psychanalyse, par exemple, qui savent soupçonner et discerner les illusions du discours; celles de la sociologie et de la science politique, qui apprennent à lire et à apprécier les comportements sociaux; celles de la philosophie, de l'histoire et des disciplines herméneutiques, qui entre autres analysent les idéologies, etc.

Bref, le diplômé en droit, aujourd'hui, fût-il juge, est le plus souvent un bachelier parmi une multitude

LE MÉPRIS POUR LES GENS ORDINAIRES

Alain Benoît, un journalier du petit village de Milan, en Estrie, estimait s'être fait avoir par des vendeurs itinérants d'encyclopédies.

Au nom de quelque 500 autres consommateurs ayant vécu la même expérience que lui (à chacun cela avait coûté environ 3 200 $), Alain Benoît choisit d'entreprendre en Cour supérieure, le 6 juin 1988, un recours collectif contre les sociétés distributrices de ces produits*.

Ce type de recours exige une autorisation formelle préalable du tribunal. Un examen sommaire du juge lui permet de vérifier s'il y a apparence de droit (ou si la demande est frivole), si le groupe visé est vraiment homogène et si l'on soulève les mêmes questions de droit dans chaque cas.

Cette simple demande d'autorisation fut plaidée devant le juge Victor Melançon le 16 février 1989. Or le juge a pris l'affaire en délibéré durant presque... trois ans. Enfin, à la mi-décembre 1992, il décidait, pour des motifs du reste solides, qu'il refusait d'autoriser le recours collectif. Comme si la cour attendait que la preuve se perde pour agir.

---

* Cour supérieure de Montréal, dossier n° 500-06-000010-880.

d'autres bacheliers qui ont, les uns et les autres, plus ou moins d'expérience. En 1983, 94 p. 100 des juges de première instance au Québec (Cour supérieure et Cour du Québec réunies) détenaient un diplôme de premier cycle seulement[21]. Il ne semble pas, du moins à vue de nez, que le portrait soit très substantiellement différent aujourd'hui.

Juges et avocats sont néanmoins portés à conserver à cet égard, et à l'exprimer avec un bruit qui a quelque chose d'amusant, le vieux préjugé de classe selon lequel personne ne peut parler des choses du droit sans avoir fait des études formelles de droit. On a répété sur toutes les tribunes, par exemple, qu'il est absolument impensable, sinon indécent, qu'un journaliste n'ayant pas reçu une formation en bonne et due forme en droit rapporte dans les médias les activités judiciaires. Comment pourrait-il même comprendre vraiment de quoi elles retournent? Comme si le droit appartenait aux juges et aux avocats, et non aux citoyens.

De telles sorties, au nom du respect des méthodes scientifiques, fait sourire, par ailleurs, quand on voit la magistrature ériger elle-même en système dans sa cour la possibilité pour un juge qui n'a jamais pratiqué, comme avocat, en droit criminel d'y atterrir soudain avec, sans doute, la grâce d'état, ou de commencer, comme juge, à instruire des affaires civiles alors que toute sa pratique avait été exclusivement axée sur le droit criminel. Les juges, qui admettent spontanément qu'un médecin qui fut radiologiste toute sa vie

---

21. Voir Monique Giard et Marcel Proulx, ouvr. cité, p. 75-78.

ne peut s'improviser chirurgien du jour au lendemain, ont tendance à voir les choses autrement quand il s'agit de leurs spécialités.

La distance dont on parle est tout entière dans ce banal exemple. Et la proximité nouvelle des juges dans la vie sociale de maintenant accentue la perception de cette distance. Voici une distance sociale rendue proche.

Indépendance et solidarité

La dialectique de l'indépendance judiciaire et de la solidarité sociale contient enfin des éléments explosifs, dont la magistrature d'ici ne fait que commencer à prendre la mesure.

Les analyses précédentes touchant certains dérapages d'une promotion tous azimuts et sans nuances de l'indépendance judiciaire ont montré que la classe des juges risque, à ce jeu corporatiste, sa crédibilité et celle du système judiciaire. On a évoqué en parallèle l'importance pour les juges de prendre du recul par rapport aux groupes d'intérêts dont ils sont issus et auxquels ils appartiennent. Le pullulement, maintenant, de groupes d'intérêts nouveaux et fort divers devrait servir aux juges à prendre conscience de celui, bien établi, dans lequel ils ont pu mariner eux-mêmes.

La question n'est surtout pas d'abandonner le souci de l'indépendance judiciaire, cardinale en démocratie. Elle n'est guère davantage de privilégier désormais, sous la forme d'une discrimination à rebours ou d'une vague «action positive», d'autres groupes d'intérêts.

Face à une opinion publique de nos jours très sensible et plus critique, les juges doivent naviguer avec doigté entre les deux écueils.

Le seul groupe d'intérêts sur lequel le nouveau juge doit avoir les yeux rivés est *l'ensemble* du corps social. Et l'indépendance à laquelle les citoyens s'attendent d'un juge est assurément celle qu'il montre face au pouvoir politique, mais aussi par rapport aux préjugés naturels de son groupe d'intérêts particulier.

Cela requiert du juge un difficile dépouillement intérieur, un exercice ardu de distance critique. Platon a recours, dans la *République*, à la jolie métaphore de l'«homme intérieur»:

> Dire qu'il est utile d'être juste, c'est dire qu'il ne faut rien faire, qu'il ne faut rien dire qui n'assure à *l'homme intérieur* les moyens de dominer le plus possible l'homme entier et de veiller sur son nourrisson à têtes multiples à la manière d'un laboureur qui nourrit et apprivoise les espèces pacifiques et empêche les sauvages de croître (IX, 589a-b).

Pour Platon, l'«homme intérieur» est celui qui se laisse guider par la raison, par contraste avec le principe selon lequel on aime (*ibid.*, IV, 439d).

Saint Paul emprunte expressément ce vocabulaire aux Grecs pour le mettre au service de son enseignement religieux. Il lit néanmoins fort bien Platon en distinguant les deux «lois» qui se disputent la fidélité de l'homme: la «loi de la raison» (la raison de l'«homme intérieur» reconnaît la loi comme sa loi) et cette «autre loi», adverse, qui tiraille l'«homme extérieur» (Épître aux Romains, VII, 22). Enfin, dans un passage parallèle, saint Paul rappelle opportunément que l'«homme intérieur» n'est rien d'acquis une fois pour toutes: «Il se renouvelle de jour en jour» (IIe Épître aux Corinthiens, IV, 16).

Le clergé, classe naguère fort influente au Québec, a vite perdu et sa crédibilité et ses privilèges à force de ne purifier que l'extérieur de la coupe et de multiplier revendications et contraintes au nom d'une foi vidée de sa substance, alors que l'«intérieur» débordait d'une soif de pouvoir.

On me permettra de raconter, pour clore ce chapitre, une petite anecdote dont j'ai un souvenir impérissable.

J'ai entendu, il y a de cela plus d'une dizaine d'années, un bon juge de la Cour supérieure qui pérorait de bon cœur sur le thème de l'indépendance judiciaire. Je ne pouvais me retenir de sourire en l'écoutant, tant il sollicitait dans ma mémoire devenue soudain fébrile des souvenirs émouvants, vieux de plus de quarante ans.

Ayant eu en effet un père fort actif dans l'organisation politique (il était organisateur libéral de comté dans l'Estrie), je voyais, quand j'étais petit garçon, quelques avocats de la région traîner très régulièrement dans le bureau de médecin de mon père (attenant à la maison familiale) à l'heure du souper, en soirée, durant les fins de semaine.

Excédé de voir ces individus — toujours les mêmes! — voler à la famille les rares heures de présence que mon père nous concédait, j'avais un jour soumis mon père à un interrogatoire serré à propos d'un avocat bien précis, que ma mère, debout derrière sa planche à repasser et le fer en l'air, avait même proposé ironiquement de «prendre en adoption», tant ses visites étaient fréquentes et longues. (Le monde juridique comprendra que ça n'est pas d'hier que je me mêle de ce qui ne me regarde pas.)

L'avocat en question, consentait enfin à expliquer mon père, avait une pratique qui ne marchait pas fort fort et il aspirait vivement à l'investiture libérale dans le comté. Mon père ne cachait pas qu'il le trouvait un peu «têteux» à son goût et il semblait peu enthousiaste à l'idée de le voir député. L'avocat fut le candidat local officiel du parti. Je ne me souviens plus s'il fut élu député, mais si oui, il ne le fut pas longtemps. Car il fut prestement nommé juge.

À partir de cette heure même, le nouveau juge ne nous a jamais plus reconnus, ma mère et moi (mon père était décédé entre temps), ni dans la rue ni au concert. Ce fut pour lui le début d'une longue et prestigieuse carrière «sur le banc». Et, au Camp musical d'Orford, j'entends encore monsieur le juge, comme si c'était hier, réclamer régulièrement lui-même au guichet ses billets réservés au nom de «l'Honorable juge Untel». Il avait enfin accédé à l'indépendance.

III

Les médias, ces emmerdeurs

Aristote écrivait, dans sa *Rhétorique*:

> Ceux-là sont dans la possibilité de nuire impuné-
> ment *qui ont la faculté d'élocution*, la pratique des
> affaires et l'expérience de luttes nombreuses, quand
> ils possèdent beaucoup d'amis ou une grande fortune
> (I, 12, 2).

Bien des juges ne sont pas loin de penser que le grand philosophe grec décrivait d'avance la meute des mass-media, affamés comme des loups, avides de sensations fortes et l'œil sur la «grande fortune».

Dès qu'il est question du traitement des affaires judiciaires dans les médias, le reproche de «rechercher le sensationnalisme» revient constamment dans la bouche des juges et surtout des avocats. Il faut d'abord attaquer cette question de front.

Le juge André Brossard a soulevé à Jasper, en février 1994, un deuxième point qui mérite examen: celui de la critique de la magistrature dans les médias et, plus globalement, de l'ingérence de ceux-ci dans le processus judiciaire.

Enfin, les juges soulèvent de plus en plus, surtout à la lumière des événements récents, le problème de leurs propres rapports avec les médias d'information. Face à la liberté d'expression de la presse, le «devoir de réserve» des juges place ces derniers dans une situation difficile.

Posées par l'actualité la plus récente, ces trois questions, qu'en un premier temps on abordera séparément, paraissent dépourvues de lien entre elles. À y regarder de près cependant, on y découvrira le noyau du malentendu profond qui marque encore les rapports entre la presse et les tribunaux.

1. Le sensationnalisme

L'accusation de recherche de sensationnalisme est reliée le plus souvent à celle-ci: la presse privilégie le sensationnalisme ou le côté spectaculaire de la nouvelle «parce que ça fait vendre de la *copie*», pour faire de l'argent.

Mettons sur la glace pour un moment la question du sensationnalisme. Que les journalistes écrivent pour être lus et que les journaux publient pour être achetés, c'est un fait indiscutable. Ce sont des entreprises commerciales. Comme Hydro-Québec et Bell Canada, les médias sont en partie des services publics (d'information), mais ce sont des services payants, non subventionnés.

Les avocats plaident-ils des arguments de Charte pour faire de l'argent et faire vivre leur cabinet *ou* pour défendre les droits fondamentaux de leurs clients? Il n'est pas interdit de faire du commerce ou, pour un avocat, de toucher des honoraires pour ses services. Et ce n'est pas immoral pour un avocat d'avoir plus de clients que moins s'il peut en servir plus. Mais c'est un sophisme de reprocher aux médias d'information de rapporter des nouvelles «simplement pour faire de l'argent». Comme ce serait un autre sophisme de reprocher aux avocats de plaider la légitime défense ou l'aliénation mentale d'un prévenu «juste pour faire de l'argent».

Autre remarque préjudicielle. Le discours médiatique, comme le discours judiciaire des plaideurs devant un tribunal, n'est pas un discours irrationnel, mais il n'est pas non plus un discours scientifique. Le discours judiciaire du plaideur cherche d'abord à persuader. Le discours médiatique sur une affaire judiciaire, comme le compte rendu d'une assemblée politique, d'un concert ou d'une décision d'entreprise, s'applique à rapporter et à faire comprendre les faits essentiels.

Toutefois, le discours médiatique s'adresse à un auditoire de masse, qui comprend sans doute quelques experts, mais d'abord une très vaste majorité de non-spécialistes. Un reportage judiciaire n'est pas un cours de droit. La science ne se communique pas à la multitude.

De plus, le journaliste ne dispose pas d'une page complète du journal ni de vingt minutes au journal télévisé. Son discours simplifie. Il résume en huit ou douze paragraphes une journée complète de témoignages à un procès, par exemple, une requête en injonction qui fait quarante pages grand format, une plaidoirie de trois heures sur sentence, une décision de cent soixante pages de la Cour supérieure sur une question importante, souvent complexe, ou une affaire qui s'est étalée en cour sur trois ans.

Qu'il soit, en un sens, absurde, voire indécent, d'encapsuler ainsi en cent quatre-vingts secondes au téléjournal du soir une journée complète de procès, on le veut bien. Tout le monde s'entend là-dessus! Mais la question n'est pas là. L'une des raisons d'être des nouvelles à la télé, à la radio ou dans un quotidien, c'est que la plupart des citoyens tiennent à avoir chaque jour une idée *sommaire* d'un ensemble de choses qui sont arrivées au cours des heures précédentes.

En ce sens, la logique d'un reportage, judiciaire ou autre, est dégradée si on la compare à celle d'un essai ou d'une conférence donnée par un expert. La plupart des citoyens travaillent tous les jours; ils n'ont pas le loisir de consacrer toute la matinée à lire ce qui s'est passé la veille à Sarajevo.

Tel est le lieu où se pose le problème du sensationnel et du sensationnalisme.

Un écart par rapport à la réalité

Il est plus aisé de cerner la notion de «sensationnalisme» que de décider concrètement ce qui en est et ce qui n'en est pas. L'analyse qui suit ne cherche pas du tout à établir que les médias ne pèchent jamais par sensationnalisme (ce serait faux de l'affirmer), mais plutôt à cerner cette réalité un peu floue.

Le «sensationnal-*isme*» s'entend d'un travers, d'un excès en regard du réel. Il est à la sensation (entendue en l'occurrence au sens courant d'«émotion» ou d'état psychologique à forte teneur affective) ce que le «systématisme» est au système: un excès d'organisation qui trahit quelque chose de péremptoire, de doctrinaire.

En vérité, le sensationnalisme trahit un écart par rapport à la réalité: on accorde à un fait, à un événement ou à une situation une importance exagérée ou on en amplifie le traitement. On dramatise.

L'expression «sensationnalisme» recèle un caractère péjoratif que ne contient pas en soi la tournure parente «faire impression». Faire impression, c'est susciter un vif intérêt, attirer l'attention: on peut être parfaitement justifié de le faire. Au contraire, le sensationnalisme désigne l'usage ou la production d'un effet qui sont de l'ordre de l'illusion ou du mirage, c'est-à-dire qui trahissent une erreur de perception, une apparence fausse, une altération de la réalité.

C'est toute la différence entre un argument de rhétorique servi par un plaideur et un sophisme ou argument faux. Afin de produire un effet sur le juge, un plaideur choisit et multiplie par exemple les énoncés favorables à son client, il retient et énonce les éléments qui sont défavorables à celui qui a livré son client à la justice. Ce qu'il exprime n'est pas faux. Ce sont des arguments de rhétorique. En ce cas, on est en présence de la technique de l'exagération, qui use, entre les hyperboles et les euphémismes, de la gamme des allusions, des périphrases et des métaphores. Si, au contraire, ce que choisit d'énoncer le plaideur est carrément faux, voilà une tout autre chose.

Le journaliste qui raconte très cliniquement que le juge Untel siégeait hier dans un état d'ébriété avancée et rendait justice de façon tout à fait farfelue

PUNIS AVANT D'ÊTRE ENTENDUS

Le 18 novembre 1987, la juge Claire Barrette-Joncas, de la Cour supérieure de Montréal, nous citait, mon employeur, le Groupe Quebecor, et moi-même, pour outrage au tribunal*. Notre avocat demande, le 18 décembre suivant, de reporter l'audition afin de pouvoir préparer une requête préliminaire.

La juge fixe l'audition au 4 février 1988. Mais ce jour-là, elle n'a pas le temps d'entendre la requête. Elle reportera successivement l'audition, toujours pour la même raison, au 5 mars, puis au 19 avril, enfin au 10 juin, jour où la requête est enfin entendue.

Puis la même juge prend la requête — préliminaire! — en délibéré durant... un an, soit du 10 juin 1988 au 26 mai 1989, jour où elle rejettera la requête. Entre temps, le jugement fut reporté successivement au 25 août 1988, au 23 septembre, au 6 octobre, au 9 novembre, au 8 décembre, au 27 janvier 1989, puis au 26 mai.

Le procès peut enfin avoir lieu, devant un autre juge, le 21 juin 1989, dix-huit mois après la citation pour outrage. Nous avons été acquittés en quelques minutes.

---

* Cour supérieure de Montréal, dossier n° 500-01-010374-871.

ne tombe pas dans le sensationnalisme dans la mesure où son récit est conforme aux faits et que le titre et la mise en page ou en scène répondent à la fois au contenu du reportage et, ce qui est souvent longuement discutable, à l'importance de la nouvelle en regard de l'ensemble des autres informations du jour. La situation ou les faits sont en vérité sensationnels, ils produisent à coup sûr une vive impression sur le public. Mais il serait faux de parler ici de «sensationnalisme».

En France, à l'automne 1991, des voix se sont élevées contre les reportages de presse qui alertaient le public au sujet de la grande défausse des responsables nationaux de la distribution du sang destiné aux transfusions. Ces cadres supérieurs, avec l'accord tacite de représentants gouvernementaux, avaient laissé distribuer pendant quatre ou cinq mois du sang taré en le sachant tel et avaient contribué ainsi à multiplier par milliers (depuis le milieu des années quatre-vingt) le nombre de personnes séropositives, notamment parmi les hémophiles. Des lecteurs ont qualifié ces reportages — à tort, pensons-nous — de «sensationnalistes», alors qu'ils reflétaient, par le contenu et par le ton, assurément dramatique, la triste, l'effroyable réalité.

Quand, au contraire, un tabloïd quotidien étale sur l'ensemble de sa page trois, photos sordides ou non à l'appui, la perpétration d'un meurtre digne d'un simple entrefilet (un inconnu «tranche la gorge» d'un autre inconnu au cours d'une beuverie qui tourne en querelle d'ivrognes), il fait du sensationnalisme en raison du traitement manifestement amplifié qu'il accorde à cette information au regard de l'ensemble des informations politiques, économiques, sociales et internationales du jour.

Souvent, un reportage qui n'a rien de sensation-naliste est ainsi amplifié par l'espace qu'on lui donne, par le titre dont on le coiffe (sa grosseur et sa teneur), de même que par les photos qui l'accompagnent.

En revanche, le récit même d'un journaliste — quel que soit le traitement, amplifié ou non, qu'on lui accorde à la mise en page ou en ondes — peut accuser un tour sensationnaliste. Un tel récit se laisse facile-ment reconnaître par *ses notes emphatiques*.

D'abord, l'auteur fournit des détails qui ne sont pas toujours vraiment pertinents au fait qu'il décrit. Il tend à multiplier les épithètes, sinon les superlatifs, pour qualifier l'affaire (crapuleux, vicieux, débauché, dépravé, pervers, diabolique, démoniaque, infernal, fou, etc.) et pour susciter des états psychologiques chez le lecteur ou l'auditeur (terrifiant, terrible, horri-fiant, atroce, affreux, épouvantable, monstrueux, effrayant, etc., ou, au contraire, formidable, prodi-gieux, etc.). Le recours à l'hyperbole est ici caractéris-tique.

Le récit «sensationnaliste», qu'il s'agisse de la description d'un crime ou d'une affaire d'un tout autre ordre, se caractérise souvent par la brutalité du lan-gage ou la violence de sa présentation, comme si l'auteur cherchait à heurter, à choquer ou à scandali-ser plus qu'à informer. Manifestement, on vise les émotions, cherchant à provoquer la répulsion, l'atti-rance, la frustration, etc.

Enfin, certains reportages concernant des crimes tendent à remplacer la description clinique de l'inci-dent par une présentation presque réjouissante, en se complaisant dans les détails scabreux, voire en présentant l'agresseur presque comme un «héros», dépassé seulement par les super-héros que sont les «valeureux» détectives X et Y qui ont réussi une fois de plus un «prodigieux coup de filet» ou dont l'enquête est bien amorcée, ou qui sont déjà sur la piste...

Bref, une présentation «sensationnaliste» déforme la réalité en la grossissant et en déjouant la censure rationnelle pour émouvoir et stimuler le désir. On présente le réel, mais dans une mise en scène en trompe-l'œil.

On voit bien que le travers du sensationnalisme est bien plus large qu'un «appétit pour les histoires intimes» ou «une nourriture offerte à la curiosité morbide des lecteurs». Le sensationnalisme n'est pas synonyme d'une plongée suspecte dans la vie privée. On peut trouver du sensationnalisme dans des articles qui ne touchent guère la vie privée — dans un texte sur la politique, par exemple, ou sur l'environnement. De même, il est des comptes rendus, judiciaires en particulier, qui révèlent des portions de vie privée sans avoir rien de sensationnaliste.

Un capitaine, chef de la section des stupéfiants d'un grand service de police, avait subi un procès il y a une dizaine d'années. L'homme était accusé d'avoir volé des stupéfiants dans la voûte du service de police et d'en avoir fait le trafic. Il avait choisi, pour exposer sa défense, de raconter sa vie personnelle par le menu, depuis ses années de collège: ses problèmes domestiques, sa conversion religieuse peu avant le procès, de prétendus problèmes de personnalité, etc. Avait-il été en cela mal conseillé par son avocat? Peut-être, mais telle était sa défense, qu'il fallait rapporter: il se présentait en somme comme une «victime des circonstances» et une personnalité névrotique...

La preuve de la poursuite, comme celle de la défense, au procès de n'importe quel type accusé du meurtre de sa femme, entre d'emblée dans la vie privée du couple, et non sans pertinence, puisqu'il s'agit du lieu même d'une intention alléguée coupable. Traiter des affaires judiciaires, civiles ou criminelles, c'est souvent parler d'un épisode qui touche la vie privée. Les plaidoiries, comme les décisions, sur sentence sont personnalisées d'entrée de jeu. Le critère du média est toujours le même: il faut déterminer si l'affaire est d'intérêt public. Parler de tel avocat accusé de frauder un client ou de tel juge présent dans une maison de débauche, ce n'est pas faire du sensationnalisme ni chercher à «séduire» le public. C'est décrire le réel. Quand la presse rapporte qu'un juge a dit des conneries en cour, elle ne fait pas du sensationnalisme. Elle raconte simplement qu'un juge a dit des conneries.

Au début d'avril 1994, les médias rapportaient le fait qu'un homme public bien en vue était dénoncé pour des voies de fait avec lésions sur son ex-épouse. Le goût du sang et du sensationnel est-il ce qui a amené les médias à faire état de cet épisode de la vie privée du couple? Pas du tout! Le fin fond de l'histoire — que les reporters connaissaient bien avant d'en parler —, c'est que les époux sortaient à peine d'une affaire de divorce âprement disputé, en particulier quant à la garde de l'enfant. Ils se sont encore querellés un soir à ce propos — un coup de pied dans les cannes, rien de plus; puis chacun a choisi de porter plainte contre l'autre à la police. D'où les dénonciations signées par un juge de paix.

La plupart des gens s'accorderont pour dire qu'une telle judiciarisation constitue le moyen le plus inadéquat possible de résoudre le problème posé dans de telles circonstances.

Mais derrière la démarche, aussi exacerbée qu'on le voudra par les émotions du moment, d'adultes qui sont loin d'être dépourvus, il y a un fait indubitable qu'on a tort de passer sous silence: le fait que les époux ont choisi d'aller déposer des plaintes formelles à la police, c'est-à-dire de prendre la société à témoin de l'incident et de faire trancher la question par le pouvoir judiciaire.

Concrètement, cela signifie qu'en plus de mobiliser les services de la police, le député et sa femme mobilisent l'appareil judiciaire — et pour combien de mois? Combien de juges et combien de procureurs de la Couronne se pencheront sur leur cause, d'une salle à une autre, d'une remise à une autre? Combien d'employés du greffe inscriront (et combien de fois?) leurs noms sur le rôle et rédigeront au plumitif le résumé d'un procès-verbal? Combien de secrétaires judiciaires se pencheront sur leurs dossiers pour rédiger des procès-verbaux en cour? Combien d'employés de la Justice transporteront ces dossiers d'une salle à une autre, les déplaceront d'un rayon à un autre? Combien d'heures des témoins éventuels perdront-ils à attendre dans les corridors le moment de déposer en cour?

Qui soutiendra sérieusement que voilà une affaire purement privée que la presse devrait taire? Voici plutôt un couple d'adultes qui ont toutes leurs dents, qui décident froidement de se servir, à grands frais, des appareils policier et judiciaire afin d'exercer des pressions l'un sur l'autre dans un litige très privé d'ordre matrimonial. Il faudra bien qu'un jour les citoyens adultes comprennent le sens des démarches publiques qu'ils entreprennent eux-mêmes sans que personne ne les y force. Les derniers à blâmer ici sont les médias. Et puisqu'on en parle, on est aux antipodes du sensationnalisme!

Enfin, c'est un sophisme de prétendre qu'un article d'information qui rapporte par exemple un triple meurtre crapuleux ou le fait qu'une enfant ait été sodomisée régulièrement par son père durant plusieurs années cherche à jouer sur les passions en «provoquant la répulsion» ou l'aversion. C'est le crime même qui provoque fatalement la révolte.

On a beaucoup reproché aux médias d'avoir publicisé, à la fin des années quatre-vingt, la série interminable des agressions au couteau dans le métro de Montréal et d'avoir ainsi «créé la peur» dans la public. Il faut avoir l'esprit complètement tordu pour raisonner ainsi. Ces articles de presse exprimaient simplement la peur réelle des citoyens et faisaient pression sur la police pour que celle-ci prenne enfin les mesures nécessaires pour que cesse cette orgie. Ce fut fait et les actes de violence dans le métro sont ensuite devenus marginaux.

Qu'une infime minorité de juges laissent poireauter les justiciables pendant des années avant de rendre jugement n'est pas une invention des médias. En en traitant, les médias d'information réagissent de manière responsable à une série de plaintes venant de citoyens injustement lésés, auxquels il ne reste aucun autre moyen de corriger la situation: l'avocat du justiciable pourrait nuire considérablement à son client s'il prenait l'initiative de faire pression sur le juge qui étire sa délibération au-delà du raisonnable.

Les juges ont parfaitement raison de protester contre les généralisations indues. Quand les médias font état de certains juges, ou d'avocats, ou de médecins auxquels sont reprochés des manquements à la déontologie, ils doivent évidemment se garder de généraliser en donnant à penser que tous les juges ou tous les professionels de la même catégorie sont concernés.

Mais comme la métaphore de la «chasse aux juges», celle de la chasse aux médias mérite aussi quelques distinctions. «Les médias» présentent à leurs lecteurs ou auditeurs un ensemble de choses bien distinctes. Dans l'affaire Verreault, par exemple, certains médias ont commencé par publier un compte rendu tout à fait sobre d'une sentence prononcée par la juge. Dans les jours qui ont suivi, des médias ont formulé des commentaires signés par des éditorialistes ou des chroniqueurs. Ces analyses et opinions, parfaitement défendables et rédigées pour la plupart sur un ton respectueux, mais nullement complaisant, sont parfaitement légitimes en démocratie.

Enfin, des stations de radio ont ouvert des tribunes téléphoniques où des auditeurs et des animateurs ont exprimé librement leurs commentaires. Que ce dernier volet de l'action des médias ait laissé s'exprimer des opinions outrancières ou de mauvais goût, on en conviendra parfaitement. Que les médias aient, dans les jours suivants, fait écho aux protestations explicites de certains groupes, c'est également un fait.

ALLÔ? IL Y A QUELQU'UN?

Quatre ans après l'inscription de la cause en Cour supérieure de Montréal, le juge Victor Melançon instruisait, à la fin de 1985, le procès que le couple Emidio et Laura Santelli intentait pour vices cachés au constructeur de leur maison*.

Le juge prend l'affaire en délibéré le 7 janvier 1986. Presque sept ans plus tard, il n'avait toujours pas rendu jugement. Ce n'est que sous la pression du *Journal de Montréal*, à la fin de 1992, qu'il a fini par se décider. Cela faisait en tout dix ans que le couple, maintenant des septuagénaires, attendait le règlement du litige.

Cette maison, que les Santelli avaient achetée pour leur retraite en y mettant les économies de toute une vie, était mal bâtie et s'était révélée un cauchemar sitôt achetée.

La justice n'aurait-elle pu faire en sorte de ne pas gâcher la retraite de ces deux vaillants travailleurs?

---

* Cour suprérieure de Montréal, dossier n° 500-05-016490-821.

Il y a donc dans cette réalité qu'on appelle «les médias» un ensemble de fonctions bien distinctes les unes des autres. Les unes et les autres ne dépendent pas également de la libre initiative du *publisher*. La fonction de choisir parmi les données de la vie quotidienne ce que l'organe de presse estime, à son jugement, être d'intérêt public et de publier dépend entièrement de l'initiative du média et ce choix, assurément, trahit une orientation où a pu se mêler — tantôt beaucoup, tantôt pas du tout, tantôt plus ou moins — quelque souci commercial. Ajoutons à ces caractéristiques qu'en matière d'information, tous les médias ne sont pas les copies d'un modèle unique.

Les commentaires présentés par les éditorialistes ou les chroniqueurs maison relèvent du même type d'initiative, quoique voilà déjà du matériel d'un autre type, car la fonction critique expresse des données inspire une tournure à la discussion publique. Enfin, les médias s'efforcent de traduire ou de refléter l'opinion de simples citoyens ou de groupes, ou encore de permettre son expression, certes avec plus ou moins de bonheur.

Ces distinctions sont utiles pour circonscrire tout débat sérieux sur «les médias», de la même manière qu'un débat sur «les juges» ou «les avocats» exige qu'on ne mette pas tout le monde dans le même sac. Enfin, il est difficile d'avaler la métaphore voulant que «les médias» passent tous uniformément au rang de «loups» ou de «chiens» dès qu'ils critiquent tel comportement d'un juge.

2. L'ingérence des médias

C'est devenu une mode dans plusieurs cercles juridiques de reprocher aux médias leur ingérence massive dans des affaires judiciaires en cours. Ces commentaires aussi méritent quelques nuances.

Dans sa livraison du 15 mars 1994, le *Journal du Barreau* reproduisait une lettre que le bâtonnier Casper Bloom adressait, au nom du Barreau de Montréal, au Conseil de presse du Québec. Il se plaignait du travail des «journalistes qui traitent les nouvelles judiciaires». Le texte reprochait, sans autres précisions, à «plusieurs articles» de présenter comme «coupables» ou de présumer tels des gens contre qui des accusations n'ont pas été portées.

Le blâme est parfaitement farfelu et gratuit s'il vise vraiment les chroniqueurs judiciaires de Montréal (et il en existe fort peu ailleurs au Québec), car non seulement ceux-ci ne parlent que très exceptionnellement, dans le secteur criminel, de personnes qui n'ont pas été accusées, mais encore ils n'ont aucun moyen de connaître de telles affaires. Les chroniqueurs judiciaires permanents de Montréal ne comptent pas la police parmi leurs sources.

Si c'est cette littérature policière reproduite par les médias que vise le gros de la critique venant du monde juridique, il faudrait que cette critique se précise. Tous sont conscients que bien des médias de province, tout comme certaines stations radiophoniques en ville, ont une prétendue chronique judiciaire qui, dans les faits, se réduit lamentablement aux affaires criminelles et, quant à celles-ci, aux sources policières. Ce n'est pourtant pas le caractère du reportage judiciaire dans des grandes villes comme Montréal et Québec. Le reporter judiciaire régulier en poste au palais de justice n'est tout simplement pas en contact avec la police. Ses sources d'information sont ailleurs.

D'autre part, il ne faut pas trop se surprendre de ce que les médias de province se rabattent sur les seules affaires criminelles et sur les sources policières, car dans plusieurs de ces palais de justice, on refuse à la presse l'accès aux jugements écrits en matière civile, de même qu'aux inscriptions du jour dans le même domaine. On ne fournit pas non plus à la presse la liste (objective) des dénonciations criminelles. Alors ces reporters de province s'arrangent autrement.

La censure — on ne peut plus aberrante en l'occurrence — produit toujours les mêmes fruits. Au siècle dernier, Stendhal remarquait, dans ses *Chroniques italiennes*, que le peuple italien, pour se consoler de la censure imposée par ses maîtres,

> fait sa lecture habituelle de petits poèmes qui racontent avec chaleur la vie des brigands les plus renommés. Ce qu'il trouve d'héroïque dans ces histoires ravit la fibre artiste qui vit toujours dans les basses classes.

C'est, précise l'auteur, que le peuple est

> tellement las des louanges officielles données à certaines gens, que tout ce qui n'est pas officiel en ce genre va droit à son cœur.

Bref, si c'est du reportage de police qu'on a à se plaindre, qu'on prenne donc les mesures qui s'imposent — poursuites dissuasives en diffamation ou pour outrage au tribunal — et qu'on cesse d'accabler injus-

tement le reportage judiciaire, lequel est déjà strictement encadré par des dispositions sévères de la loi.

Si, par ailleurs, le bâtonnier Bloom fait allusion à
de rares articles émanant du palais de justice qui rendent compte de certaines perquisitions ayant déjà été
effectuées et qui ont rapporté quelque chose, il
devrait relire la loi à ce sujet, de même que la jurisprudence la plus récente: dans la mesure où un reportage protège l'identité des tiers innocents et précise,
quant aux suspects, que ceux-ci, le cas échéant, n'ont
pas été traduits devant le tribunal criminel, la presse a
le droit d'en faire état. Elle le fait très rarement et, à
ma connaissance, en y mettant les nuances requises.
Quant aux perquisitions qui ne remplissent pas les
deux conditions mentionnées, les dossiers qui s'y rap-
portent ne sont même pas disponibles.

Précisons que la perquisition est une démarche
qui a fait l'objet d'une adjudication par un juge, lequel
en a autorisé judiciairement le mandat. S'il est vrai
que le média qui rapporte légitimement une perquisition peut être poursuivi en diffamation s'il se révèle
que les motifs invoqués par la police dans sa demande
de mandat ne sont pas fondés, il n'en reste pas moins
qu'il n'est pas défendu à la presse d'en parler si la
démarche a eu quelque résultat.

Par ailleurs, aucune loi n'interdit à la presse de
rapporter le fait qu'une personne soit l'objet d'une
dénonciation criminelle, d'une sommation à comparaître ou d'un mandat d'arrestation dûment signé par
un juge de paix. Aucune loi québécoise n'interdit non
plus à la presse de faire état d'une plainte déontologique formellement déposée contre un professionnel par
le syndic de son ordre. La presse peut également

révéler de quoi la personne est accusée. S'il est évident que la diffusion d'une telle information peut affecter la réputation de la personne dénoncée, le fait ne heurte en rien la «présomption d'innocence».

Si l'on devait, au contraire, entendre en ce sens la présomption d'innocence, il faudrait aussi empêcher la police d'arrêter quiconque et le ministère public d'entreprendre quelque procès. C'est un autre sophisme de chercher, sur cette question des reportages autorisés par la loi en matière criminelle, à bâillonner les médias sous prétexte que «les gens» pensent spontanément, à la lecture d'un compte rendu légitime, qu'«il n'y a pas de fumée sans feu». L'information publique ne doit pas être mise sous le boisseau parce qu'il reste des citoyens encore ignorants de la nature du système judiciaire canadien.

La loi prévoit des remèdes énergiques — des accusations d'outrage coûteuses à maints égards et des poursuites civiles dévastatrices — pour un média qui attaquerait la présomption d'innocence d'un prévenu en révélant des données qu'il est interdit de dévoiler avant qu'elles ne le soient au procès. Le Code criminel comporte diverses interdictions de publier à cette fin et il fait de la révélation, avant procès, d'une confession une infraction criminelle formelle.

Si le Barreau de Montréal pense qu'il a matière à se plaindre d'un journaliste, il ne manque pas de moyens judiciaires pour le faire. Il peut également inscrire au Conseil de presse une plainte formelle, caractérisée, pour accroc à la déontologie. Mais l'intervention du bâtonnier de Montréal, formulée en termes généraux et sibyllins, n'a manifestement qu'un but, celui d'intimider, à moins qu'il ne traduise quel-

LA FAUTE AUX MÉDIAS...

S'apprêtant, depuis la fin de novembre 1993, à quitter la Cour du Québec pour diriger la Cour municipale de Montréal, la juge Raymonde Verreault avait réussi à se faire libérer de tout travail régulier à compter du 11 décembre, et jusqu'au 18 janvier 1994, afin de pouvoir en terminer avec la douzaine de dossiers judiciaires qu'il lui restait à déterminer.

Mais elle se hâtait lentement et reportait tout au dernier moment. Elle avait même emporté en Guadeloupe, du 1er au 7 janvier, une grosse valise — si lourde qu'elle ne pouvait la soulever elle-même, a-t-elle précisé — chargée de dossiers et de documents à étudier, un examen auquel elle s'adonnait, selon elle, entre le tennis et la plage.

Personne n'a pu voir cependant la couleur de ces décisions, puisqu'elle a dû abandonner son travail en catastrophe sur le coup de 15 heures le 16 janvier: «La persistance de ces commentaires [ceux des médias, sur une sentence qu'elle venait de prononcer] affecte, dit-elle, mon impartialité.»

C'était, bien sûr, la faute aux médias. Mais à l'aube du 19 janvier, la nouvelle juge en chef de la Cour municipale était assermentée. L'impartialité lui était revenue au galop.

que ignorance. Sa démarche publique équivaut à celle que ferait la Fédération professionnelle des journalistes en demandant vaguement au Barreau du Québec de voir à ce que «les avocats cessent de frauder leurs clients».

Il existe parmi les avocats, depuis une dizaine d'années, un courant de pensée selon lequel la loi canadienne devrait être modifiée de manière à interdire complètement, soit en toute matière criminelle, soit quant aux seuls délits d'ordre sexuel, de nommer une personne accusée, voire d'en parler, tant et aussi longtemps qu'un tribunal ne l'a pas jugée coupable et seulement si cette personne est condamnée.

J'ai largement débattu ailleurs de cette controverse[1]. Qu'il suffise de rappeler ici que la loi à cet égard n'a pas été modifiée, que le gouvernement fédéral n'a pas donné le moindre indice d'une quelconque intention de la modifier et que les décisions du plus haut tribunal du pays en ces matières ne laissent à prévoir, du moins à ce jour, aucune orientation de ce genre — au contraire.

La règle du sub judice

Dans son intervention déjà citée de février 1994 à Jasper, le juge André Brossard, de la Cour d'appel du Québec et au nom de la Conférence canadienne des juges, a exprimé une position inattendue en commentant l'accueil défavorable qu'avait réservé un mois plus tôt l'opinion publique canadienne à une décision

---

1. Voir Rodolphe Morissette, *La presse et les tribunaux: un mariage de raison*, Montréal, Wilson & Lafleur/Éditions Quebecor, 1991, p. 165-176.

sur sentence rendue par la juge Raymonde Verreault, de la Cour du Québec à Montréal, dans une affaire d'agression sexuelle et de sodomie[2].

Comme le ministère public en a appelé de cette décision sur sentence en Cour d'appel, le juge Brossard rappelle que l'affaire est *sub judice* et que, par conséquent, la réaction critique, tant de la part des commentateurs que de groupes ou de citoyens, était tout à fait inopportune.

Rappelons très sommairement, d'abord, en quoi consiste la règle du *sub judice*. Il s'agit à la fois d'une règle générale et d'un ensemble de dispositions particulières qui interdisent à la discussion publique d'exprimer, au sujet d'«une affaire judiciaire qui est en cours» (tel est le sens de l'expression latine), un parti pris ou d'indiquer comment le litige en cours *devrait* être déterminé. La règle vaut autant en matière civile qu'en matière criminelle, en droit privé qu'en droit public.

Un média, par exemple, s'ingère indûment dans un débat judiciaire en cours quand il traite de la cause de manière à causer un préjudice aux parties intéressées; quand un journaliste mène dans un média une enquête parallèle à l'audition judiciaire en cours ou à venir. Un média qui, pendant un procès devant jury, publie des éléments de preuve qui n'ont pas encore été présentés au jury (elle pourrait se révéler inadmissible) commet un grave accroc à la règle du *sub judice*.

Les médias ont le droit de rapporter fidèlement la discussion qui a lieu devant les tribunaux au sujet

---

2. Voir *supra*, p. 79-81.

d'une affaire en cours et de rendre compte des éléments qui sont au dossier; mais ils doivent se garder, tant que l'affaire n'est pas terminée, de formuler des jugements de valeur, des commentaires ou des insinuations préjudiciables à l'une ou l'autre des parties, voire au tribunal même, sur la qualité de la preuve offerte, sur la crédibilité des témoins ou sur toute autre question dont *la cour* aura à décider.

Les fondements de cette règle sont faciles à comprendre. La justice doit être rendue de manière sereine et impartiale. Il faut en préserver aussi bien l'apparence d'impartialité. Cette dernière exigence n'a rien à voir avec l'hypocrisie. Une prise de position publique d'un média durant une affaire en cours et à propos de celle-ci pourrait en effet donner à penser, si la décision judiciaire devait aller dans le même sens, que celle-ci, même s'il n'en fut pas ainsi en vérité, a été influencée par des pressions externes.

La discussion publique ne doit pas préjuger ouvertement de la tournure d'un procès. La presse, comme les personnes publiques et *a fortiori* les représentants politiques, doit se garder de formuler des commentaires susceptibles d'influencer le déroulement d'un procès, d'influer sur la preuve qui doit y être présentée, de favoriser ou de défavoriser l'une ou l'autre des parties.

Les instances d'appel

Quand le juge André Brossard aborde la question, dans l'intervention citée, il le fait du point de vue du juge qui est saisi d'une affaire et qui doit en décider. L'indépendance judiciaire doit être protégée, dit-il, de toute ingérence extérieure ou pression publique venant du pouvoir politique, de groupes divers ou des médias. Car c'est à la seule lumière de la règle du droit qu'il doit trancher le litige dont il est saisi.

Aussi le juge Brossard fustige-t-il les médias, l'opinion publique et les groupes qui ont critiqué vertement la décision Verreault du 13 janvier 1994; même un ministre du gouvernement Johnson l'a fait publiquement — et de manière fort inopportune, il faut le dire — en suggérant que la Cour d'appel n'aurait de choix autre que de casser cette décision, qui fut effectivement portée en appel.

Le juge fustige avec encore plus de vigueur le Barreau du Québec, les médias et divers groupes qui, dans les jours qui ont suivi la décision de la juge Verreault, ont attaqué celle-ci — le Barreau l'a fait notamment par une plainte au Conseil de la magistrature — pour avoir abandonné la demi-douzaine d'affaires qu'il lui restait à déterminer avant d'accéder au poste de juge en chef de la Cour municipale de Montréal le 19 janvier suivant.

Selon le juge Brossard, tout cela n'aurait pas dû avoir lieu *parce que la sentence rendue par la juge Verreault était et reste* sub judice[3]. Autrement dit, même si la décision Verreault dans l'affaire d'agression sexuelle avait été rendue, la critique restait interdite *parce que l'affaire était portée en appel.*

---

3. «*You would have expected the Bar,* écrit le juge Brossard en février 1994, *faced with such a situation, to finaly denounce the undue interference and meddling of pressure groups, public authorities and the media in a case which was then and still is* sub judice...»

Cette dernière proposition n'étonne pas seulement par les conséquences concrètes qu'elle entraînerait dans une société démocratique, mais encore par le fait qu'elle va à l'encontre de toutes les orientations exprimées depuis près de vingt ans par la Commission de réforme du droit du Canada, un organisme fédéral qui a toujours formulé ses recommandations après avoir amplement consulté les milieux juridiques.

Car la question s'est toujours posée: *jusqu'à quel moment* une affaire doit-elle être considérée comme étant *sub judice* aux fins de la discussion publique et pour qu'un accroc à la règle reste une infraction (punissable par un outrage au tribunal)? Faut-il s'abstenir de commenter une affaire qui, pour être terminée en première instance, a été portée en appel?

Le juge Brossard semble prétendre que oui. Mais il faut préciser qu'aucune disposition législative n'a, à ce jour, fourni de direction à cet égard. Bien plus, les travaux de la Commission de réforme du droit du Canada, tant en 1977 qu'en 1982, concluaient que l'obligation stricte de respecter la règle du *sub judice* se terminait avec la décision de première instance, tant en matière criminelle qu'en matière civile. Et elle recommandait au législateur de préciser la loi en ce sens.

C'est qu'en prolongeant l'obligation du *sub judice* jusqu'à la toute fin du processus judiciaire et en y incluant les appels, on ferme concrètement la porte à toute liberté d'expression et de discussion publique pour de nombreuses années à propos d'un grand nombre d'affaires d'intérêt public, pourtant terminées en première instance.

Car les délais d'audition en appel, qui oscillent aujourd'hui entre trois et quatre ans, rendent pour ainsi dire la discussion publique impossible sur une très grande variété d'affaires d'actualité et d'intérêt général qui viennent d'être jugées en première instance.

Encore en 1994, par exemple, la discussion publique sur l'affaire impliquant le policier Allan Gosset, de Montréal, dans un incident de 1987 resterait interdite aux commentaires publics parce que toujours pendante. De même, la question du prix des places de stationnement des juges, entamée en Cour supérieure au printemps 1992, décidée en première instance à l'automne 1993, portée en appel depuis lors et qui pendra en Cour d'appel pour quelques années encore, devrait être gardée à l'abri de tout commentaire public... Quand il serait enfin permis de parler d'une affaire, celle-ci n'aurait probablement plus d'intérêt.

En outre, l'obligation de retenue imposée à l'opinion publique même pendant les délais d'appel permettrait aux mieux nantis de détourner purement et simplement l'institution judiciaire, en multipliant les démarches d'appel pour empêcher la libre discussion publique sur des questions d'intérêt général.

Les motifs avancés par la Commission de réforme du droit du Canada pour recommander de ne pas considérer comme un accroc au *sub judice* les interventions extérieures postérieures à une décision de première instance, aussi bien au criminel qu'au civil, sont les suivants: d'abord, il n'y a plus de jury en appel; ensuite, on n'y entend plus de témoins; enfin, les juges des cours d'appel sont «infiniment moins susceptibles d'être influencés que ne le sont les candidats jurés et les témoins lors d'un procès[4]».

De plus, la recherche juridique récente, comme la tradition judiciaire, a toujours retenu le caractère pluriel de la notion de *sub judice*. Il existe en effet des degrés dans la possibilité d'influencer depuis l'extérieur un tribunal: les risques sont plus grands d'influencer un jury qu'un juge seul; ils sont plus grands d'influencer un tribunal de première instance à cause de la présence de témoins; de même, les risques augmentent à mesure qu'approche un procès; ils sont moins grands d'influencer un tribunal civil, car on n'y trouve pas de jury; enfin, les risques sont moins grands, «sinon inexistants», suggère la Commission, d'influencer les juges des cours d'appel.

Précisons qu'il est d'autant plus regrettable que le législateur laisse toujours dans l'incertitude les citoyens et les médias à propos de l'extension de la règle du *sub judice* que la liberté de parole et d'expression est tenue au Canada pour une liberté fondamentale. Les gens ont le droit strict de connaître l'extension et les limites de leur liberté.

En l'absence de précisions législatives et compte tenu des recommandations récentes de la Commission de réforme du droit, on comprend mal la réaction du juge Brossard, qui estime que les commentaires publics sur la décision Verreault, de même que les plaintes déontologiques, formulées par le Barreau et

---

4. Voir Commission de réforme du droit du Canada, *L'outrage au tribunal*, rapport, fasc. 17, Ottawa, Approvisionnements et Services, 1982, p. 32, comp. p. 33 et suiv.; *ibid.*, *L'outrage au tribunal*, document de travail, fasc. 20, Ottawa, Approvisionnements et Services, 1977, p. 31.

LE JUGE ET SON CERF-VOLANT

Le 21 juin 1989, au palais de justice de Montréal. Il est 11 h 30. En devoir ce jour-là comme reporter judiciaire, je rate le prononcé de la sentence d'une personne dont j'avais suivi le procès devant jury en Cour supérieure au cours des jours précédents. Le juge vient de condamner l'accusée à un an de prison. Elle avait agressé sexuellement une autre femme.

En quête du texte de la sentence écrite, je téléphone au bureau du juge. Le juge lui-même est au bout du fil. Il me remettra le texte de sa sentence, il tient même, dit-il, à me voir. Au téléphone, le juge gazouille un peu. Il rigole, il siffle entre ses dents.

Je monte à son bureau un peu avant midi. Il est «rond comme une bine». Sa chemise est ouverte comme si Urgences Santé venait de pratiquer sur lui des manœuvres de réanimation. Il me fait asseoir. On ne s'était jamais rencontrés ni parlé.

Le juge déconne passablement. Il sacre comme un charretier, exprimant un ressentiment profond à l'endroit d'un de ses collègues. Je m'empare du texte de la sentence qu'il vient d'infliger — dans quel état? — à l'accusée et je sors en laissant le juge accroché à son cerf-volant. Ma journée à moi est loin d'être terminée.

d'autres groupes de citoyens, au sujet de la conduite subséquente de la même juge, n'auraient pas dû être exprimés tant que les cours d'appel ne se seraient prononcées — et quand? — de manière définitive. De telles remarques, émanant d'un juge de la Cour d'appel, étonnent, car elles donnent à penser que nos cours d'appel sont plus influençables que personne ne l'eût jamais soupçonné.

Du reste, le juge Brossard ne se gênait guère d'exprimer, du même souffle, son idée personnelle sur la manière dont le Conseil de la magistrature du Québec, déjà saisi de la plainte déontologique pendant contre la juge Verreault, *devrait* la résoudre. Il suggérait en effet que Mme Verreault n'avait pas eu tort d'abandonner en chemin certaines affaires qu'il lui restait à déterminer, car les accusés visés avaient un droit strict d'être jugés par un juge serein et libre de toute pression extérieure.

En l'absence de précisions législatives, encore, sur l'extension de la règle du *sub judice* après une décision de première instance, comme sur tout autre sujet, on trouvera plus sage de s'en tenir à cette vieille maxime du théologien hollandais Episcopius dit Simon Bishop (1583-1643), qui recommandait de faire consensus sur les choses évidentes et certaines, mais de respecter la liberté de chacun dans tout ce qui reste douteux, quitte à ce que la charité anime tout le monde en toutes choses[5].

Si, comme le suggère le juge Brossard, la liberté de presse et d'opinion ne serait rien sans l'indépen-

---

5. «*In necessariis unitas, in dubiis libertas, in omnibus caritas*», recommande Episcopius.

dance judiciaire[6] et que, d'autre part, l'indépendance judiciaire commande aux médias et aux groupes de se retenir de commenter une décision judiciaire parce que celle-ci est portée en appel[7], on peut se demander à quoi rime alors la liberté d'expression à propos des affaires judiciaires[8]. Encore ici, le principe de l'indépendance judiciaire tient du mythe.

Qu'on le veuille ou non, pourtant, toute décision judiciaire *porte un sens* qui dépasse ses effets immédiats sur les parties en cause, car toute décision judiciaire, surtout en matière pénale mais aussi en matière civile et privée, est chargée de valeurs morales, elle exprime le droit, elle vise les intérêts de l'ensemble du corps social.

3. Le devoir de réserve des juges

La classe des juges ressent aujourd'hui avec amertume le fait que le discours public à leur sujet, à propos de certains aspects de leur gestion administrative, voire de quelques décisions judiciaires particulières, les place dans un piège.

Même si la loi reste à peu près muette sur le devoir de réserve des juges, la tradition leur commande de s'abstenir de prendre part à des débats publics ou à des controverses susceptibles de projeter d'eux-mêmes la moindre image de partialité.

---

6. «*As to the media* [...]: *whether you like it or not, you are also dependent on judicial independence* [...]. *Freedom of the press, free expression and other fundamental rights* [...] *are not worth the paper they are written on if you do not have an independent judiciary to enformce them...*»

7. Voir *supra*, p. 162, note 3.

8. Comp. *supra*, p. 50, note 4.

Si une décision d'un juge est attaquée publiquement, celui-ci ne peut répliquer et se défendre sans abandonner du coup son rôle d'arbitre. Un juge doit se garder d'exprimer tout commentaire sur une affaire judiciaire en cours, y compris jusqu'au palier d'appel ultime; cette exigence ne vaut pas seulement pour le juge saisi de l'affaire en question, mais encore pour tout autre juge. Quant à commenter une affaire judiciaire déjà jugée, le juge doit user du plus grand tact pour en parler publiquement.

Tout commentaire, toute expression d'opinion en matière politique et tout comportement le moindrement ambigu en ce domaine doivent être évités. Pareillement, il est conseillé aux juges de montrer la plus grande circonspection s'ils acceptent de prononcer des discours publics. On leur demande de retenir tout commentaire critique sur la législation, ce qui ne leur interdit pas, toutefois, de traiter de la réforme du droit ou de l'administration générale de la justice.

Enfin, la tradition requiert des juges qu'ils se gardent de faire partie de groupes dont une portion de l'activité pourrait consister à exercer des pressions sur le pouvoir politique ou d'alimenter la controverse.

Tel est, en gros, ce que la tradition appelle le «devoir de réserve» ou de retenue du juge. Il commande une restriction à la fondamentale liberté d'expression. Celle-ci n'est tout de même pas totale, puisque les juges s'expriment essentiellement dans leurs décisions. De plus, la restriction à la liberté d'expression des juges n'est pas sans être compensée par des privilèges hors du commun (l'immunité, une permanence dans la fonction, une retraite dorée, etc.).

La raison de cette retenue est que la moindre apparence de partialité suffit à disqualifier un juge qui exerce des fonctions judiciaires. Le juge doit rester impartial et objectif; il doit, tout autant, le paraître et en projeter l'image.

On peut dire que l'ensemble des juges d'ici observent scrupuleusement ce devoir de réserve. La juge Andrée Ruffo, de la chambre de la jeunesse de la Cour du Québec, constitue l'une des rares exceptions. Non seulement se garde-t-elle peu, au nom d'une certaine action sociale, de livrer publiquement des commentaires sur des aspects de la politique gouvernementale (sur laquelle elle peut avoir à se prononcer judiciairement tous les jours), voire, à l'occasion, de commenter des affaires qu'elle avait eu à juger, mais encore elle a choisi de sortir carrément du rang pour effectuer quelques percées dans des secteurs d'activités plus mondaines.

Ainsi, dans la livraison d'automne-hiver 1992-1993 du magazine montréalais *Châtelaine Style*, «édition spéciale mode beauté», la juge Ruffo figure, sous le titre «Elles sortent leurs griffes», parmi ces «huit femmes actives, bien dans leur peau et bien dans leurs vêtements signés». On y retrouve la juge Ruffo, en pages 44 et suivantes, sur une large photographie de mode en compagnie du créateur Jean-Claude Poitras, dont elle fait la promotion d'un manteau en alpaga et laine (695 $).

Le tout s'accompagne d'un texte en apparence léger, signé par Mme Ruffo. Elle y précise, sur le ton cajoleur et flagorneur du discours publicitaire:

> Faire une photo habillée en Jean-Claude Poitras?
> Quel honneur! C'est mon designer préféré! J'adore
> porter ses vêtements au travail...

et patati et patata. Ce nouvel incident se passe de commentaire. Chacun se fera une opinion.

Une retenue problématique

Mis à part la juge Ruffo, les juges ont tendance, par les temps qui courent, à considérer leur devoir de réserve comme un lourd fardeau. La presse et l'opinion publique ne se gênent plus beaucoup pour critiquer certaines décisions judiciaires, des comportements de juges individuels ou des côtés vulnérables de l'administration de l'appareil judiciaire.

Les juges ont le sentiment qu'il leur manque une voie de communication avec le public[9]. Ils sentent nettement que la presse judiciaire ne rend pas toujours compte à leur goût de certaines de leurs décisions; et ils sont loin d'avoir toujours tort là-dessus. Ils prennent amèrement conscience que la presse ne les épargne plus. Enfin, la réaction publique peut s'emballer facilement.

Face à cette réalité relativement nouvelle, des juges sont à la recherche de voies originales. Certains souhaitent quelque forme de rapprochement avec les journalistes, des rencontres périodiques susceptibles d'améliorer les rapports mutuels. D'autres juges refu-

---

9. Voir par exemple Jean-Claude Leclerc, «Les journalistes et les juges, quand le quatrième pouvoir ignore le troisième», dans Le «30», vol. XVII, fasc. 2 (mars 1993), p. 23 et suiv.

LE COMBLE DE L'INDIFFÉRENCE

Un juge délibère généralement au plus six mois avant de rendre jugement dans une affaire civile ordinaire. Les exemples qui suivent sont des affaires civiles ordinaires.

Dans la cause des Importations Cimel, une affaire urgente, de double injonction*, le juge Jean-Louis Léger de la Cour supérieure de Montréal a délibéré rien de moins que... 53 mois, du 13 avril 1988 au 19 décembre 1992, avant de se prononcer. Avec des conséquences financières énormes pour le groupe Cimel. La décision l'obligeait à verser 80 000 francs français, plus de 17 000 $ can. et des intérêts sur six ans au fabricant français Pier Augé. Or la règle judiciaire exigeait qu'il payât cette somme en dollars de 1992, c'est-à-dire un dollar fortement dévalué.

Dans l'affaire Décor Hubert Klein Canada**, le même juge a délibéré exactement trois ans.

Son collègue, le juge Israël Mass, de la même cour, a délibéré quatre ans et quatre mois dans l'affaire 109501 Canada Inc. c. 94612 Canada ltée***.

---

* Cour supérieure de Montréal, dossiers n° 500-05-010590-865 *et alii*.
** *Ibid.*, dossier n° 500-05-006149-866.
*** *Ibid.*, dossier n° 500-05-009514-868.

sent encore même de parler au téléphone avec un journaliste qui sollicite une information. Plusieurs se méfient de la presse.

Les juges se rendent compte assez brusquement que, comme corps, ils n'ont pas la bosse des «relations publiques» — ce qui, au fond, disons-le franchement, est plutôt une grande qualité qu'un défaut. De leur côté, les chroniqueurs judiciaires tendent à garder leurs distances vis-à-vis de la magistrature. Pour un chroniqueur judiciaire qui travaille en permanence dans un palais de justice, le rapport avec les juges n'a rien de comparable aux relations avec les avocats.

En vertu de leurs fonctions, les juges ont en effet à imposer quotidiennement à la presse des restrictions sur la publication d'informations et les procureurs peuvent en appeler à tout moment aux juges de la manière dont la presse respecte ces restrictions. Les juges ont souvent à se prononcer sur des requêtes en injonction visant des médias; ils ont à trancher, à diverses étapes du processus judiciaire, des questions relatives à des poursuites civiles contre des reporters; enfin, le comportement quotidien de la presse tombe sous la juridiction des tribunaux, qui peuvent citer un média pour outrage au tribunal. Bref, les journalistes n'ont pas avec les juges le même type de rapports qu'ils pourraient entretenir avec un président de chambre de commerce, d'une association profession- nelle ou avec le directeur d'une caisse populaire.

Les journalistes ne se plaignent nullement de cette situation que créent à bon droit nos lois. Mais chacun comprend qu'il en résulte des rapports parfois malaisés.

La question reste, néanmoins: Comment les juges pourraient-ils se comporter avec les médias pour

éviter que leur devoir de réserve ne les isole pas injustement du public?

Le régime actuel ne va pas en effet sans injustice. On a vu précédemment que, dans le débat des
juges avec Québec au printemps 1992 à propos du
tarif des places de stationnement des juges, les sug-
gestions de la magistrature quant au forum appro-
prié pour débattre de cette question n'ont jamais été
exprimées publiquement[10]; il en fut de même du
débat des juges avec Ottawa en 1993 à propos du
gel de leurs traitements[11]. La position réelle des
juges sur ces deux questions n'a jamais filtré dans la
presse parce que celle-ci n'en a jamais rien su. Et les
juges ont perdu la face.

Or on ne peut soutenir que le «devoir de
réserve» des juges soit à ce prix, car il y va du crédit
du pouvoir judiciaire dans l'opinion publique et, ulti-
mement, de la santé de la vie démocratique.

Quelques suggestions anathèmes

Il apparaît évident que la solution aux impasses
attribuables au devoir de réserve ne saurait consister à
interdire toute critique publique à l'endroit de la
magistrature. Le droit des citoyens d'être informés et
la liberté d'expression, y compris celle du Barreau,
dans la société ne sauraient se subordonner au devoir
de réserve des juges. De même, le Barreau n'a pas pour
mission *première* de défendre la magistrature, mais de
protéger le public.

---

10. Voir *supra*, p. 21 s.
11. Voir *supra*, p. 49.

Une autre attitude paraît également indésirable, qui chercherait à faire encadrer le travail même de la presse au palais de justice par des «agents» ou des «conseils» en communication qui orienteraient, sous prétexte de le soutenir, le travail des journalistes. Ni les médias ni leurs chroniqueurs judiciaires — ni ceux d'aujourd'hui ni ceux de demain — n'accepteront d'être ainsi encadrés, guère plus par les juges que par la police ou par quelque autre groupe. Le système social fonctionne bien quand chacun joue son rôle propre.

De plus, les juges devraient y songer deux fois avant de voir dans des programmes de «relations publiques» la solution rêvée à leur problème. «Les lois de la communication et celles de l'information ne sont pas les mêmes», écrivait récemment avec raison Laurent Joffrin. Si les deux démarches ont chacune leur logique, leur créativité et leur noblesse, «c'est le mélange qui est dangereux». Ainsi, poursuit-il:

> Communiquer dans la médiasphère, c'est amuser, intéresser, émouvoir et influencer.
>
> Informer, c'est raisonner, expliquer, convaincre.
>
> La communication vise les consommateurs. L'information s'occupe des citoyens. [...]
>
> Quand on oppose communication et information, on définit deux pôles opposés. À l'équateur, les deux mondes se touchent. [...]
>
> De cette ambiguïté croissante, de ce mélange de plus en plus intime, sont nées les grandes fautes des médias[12].

---

12. Voir Laurent Joffrin, «Faut-il croire les journalistes?», dans *Le Nouvel Observateur*, fasc. 1458, 15-21 octobre 1992, p. 6-8.

Bien des corps publics, et les gouvernements notamment, ont subi, depuis une vingtaine d'années, l'effet boomerang de programmes de relations publiques conçus sur le modèle des techniques de la vente. La presse d'information a entre autres fonctions celle de rendre publics les débats judiciaires, ce qui forme une garantie contre un État totalitaire. Mais elle n'est pas pour autant une complice privilégiée de la classe des juges, encore moins un véhicule publicitaire ou un instrument de promotion personnelle, mais un outil utile pour amener les citoyens à une participation plus éclairée au débat public.

Aussi est-il souhaitable que les juges se sentent à l'aise d'éclairer un journaliste sur une question d'intérêt public, soit en communiquant directement et confidentiellement avec lui, soit en y allant plus discrètement par l'entremise de son juge en chef, soit même en procédant anonymement si la chose s'impose (par la voie des «enveloppes brunes»).

Autant il est compréhensible qu'un tribunal comme corps ou qu'un juge comme tel veuillent se garder de prendre part directement à des controverses publiques, autant ils devraient laisser filtrer, d'une manière ou d'une autre, des éléments d'information qu'ils sont les seuls à posséder, que personne ne peut deviner et que le public aurait intérêt à connaître pour se former une opinion équilibrée.

Les juges ne sont pas dans une situation différente, à ce point de vue précis, de celle dans laquelle se retrouvent parfois des personnages situés près du sommet d'une hiérarchie ou d'une organisation et qui doivent parfois faire triompher l'information du public aux dépens d'un silence ou d'une suspecte fidélité à un groupe d'intérêts particulier qui irait à l'encontre de l'intérêt général.

Comme pour tout autre groupe dans la société, il est des situations que les juges se sentent appelés à faire modifier sans tarder ou des abcès qu'il importe de vider sans délai en en saisissant l'opinion publique. La presse est d'abord un outil de la démocratie; elle est un instrument d'assainissement de la vie publique. On peut ne pas l'aimer, ne pas priser ses manières, mais on ne devrait pas pour autant se priver d'y recourir quand la chose s'impose.

Est-il vraiment nécessaire de souligner que les situations qu'a pu dénoncer la presse au cours des dernières années à propos de l'appareil judiciaire n'étaient pas le fait d'informations provenant de quelque association panquébécoise de soudeurs ou de la Fédération nationale de la faune. Ces renseignements émanaient naturellement de l'intérieur du système.

En revanche, la presse cesse d'être un outil d'assainissement de la vie publique quand la majorité des groupes d'intérêts la considèrent d'abord comme un simple outil de «relations publiques». C'est pour s'être laissé récupérer à de telles fins dans plusieurs secteurs d'information, que tous identifieront aisément, que la presse s'est avilie au cours des vingt dernières années.

Face à une presse qui, surtout dans les grandes villes, n'est plus du tout soumise à la magistrature, les juges se doivent d'inventer des moyens de communiquer avec le public qui prennent en compte les réalités nouvelles. Ces communications n'ont pas, loin de là, à être toujours confidentielles. Par ailleurs, il n'est certainement pas toujours indiqué que le juge en chef

d'une cour assume la fonction officielle du communi-
cateur, puisque plusieurs juges en chef continuent
néanmoins de siéger à titre de magistrats. Autant il ne
répugne pas que la magistrature s'offre les services
d'un agent de communication, autant il serait malsain
qu'elle compte, pour accomplir ce travail officiel, sur
les journalistes chargés de rapporter les auditions des
tribunaux.

❏

On remarquera, pour finir, à quel point les trois
questions abordées dans ce chapitre sur les médias
sont, malgré leur disparité apparente, étroitement
reliées entre elles. En vérité, elles sont au cœur de ce
qu'on pourrait appeler, au sens de Nietzsche (et non
de Hegel), une *conscience malheureuse* de la classe juridique en général et des juges en particulier face à
l'action des médias dans la société démocratique. Il
s'agit d'une conscience souffrante parce que mal adap-
tée à son milieu.

Le réflexe naturel de la classe juridique en est un
de mépris. À propos des questions judiciaires, les
médias ravalent la justice, estime-t-on assez spontanément, au rang de «spectacle». Au mépris des «droits
individuels», la presse tourne en «cirque» l'actualité
judiciaire. Elle recherche essentiellement le «sensationnalisme» et son intention n'est autre que «mer-
cantile». Elle ne vise qu'à amuser et à émouvoir, à
soulever les passions de la foule.

Ensuite, la presse simplifie toutes les questions
juridiques. Elle est on ne peut plus superficielle. Elle
ne sait exprimer les mille et une nuances d'une déci-

sion ou d'une requête, elle aplatit les distinctions pointues du langage juridique. Elle cherche à mettre à la portée du commun, et un peu vachement, des concepts et des litiges dont la complexité n'a aucune commune mesure avec les schématisations ou les osselets qui sont répandus tous les jours dans le journal.

Au fond, le tam-tam des médias autour des tribunaux, comme le cliquetis indécent de leurs caméras et les feux de leurs projecteurs qui n'attendent, à la porte, qu'un signal pour se bousculer en salle d'audience et y imposer leurs règles vulgaires, a un effet essentiellement perturbateur. Les médias sont d'abord une nuisance. Leurs manchettes spectaculaires, sinon insolentes, réduisent en miettes le principe sacré de la présomption d'innocence des personnes dénoncées; elles heurtent d'emblée la sérénité que requiert la réflexion judiciaire. Le discours médiatique attaque, en fait, par toutes les pressions publiques qu'il provoque, traduit et amplifie, l'indépendance judiciaire.

Enfin, l'ensemble de ces malentendus amène la classe juridique, et les juges en particulier, à s'isoler, sinon à se considérer comme «victimes» des médias et des groupes d'intérêts, lesquels sont désormais campés comme des «agresseurs».

Or la victime impose à la communication — publique aussi bien que privée — ses règles, son code relationnel; la théorie des systèmes, appliquée à la communication, l'a assez illustré. Ce code comporte une réinterprétation constante de l'autre et de ses intentions. Il s'applique notamment à transférer vers l'«agresseur» la responsabilité de la situation. Pour ce faire, la simplification s'impose là aussi: les médias *ne sont toujours que* des emmerdeurs; ils ne recherchent que la sensation, le sang et le profit; ils ne montrent aucun respect pour les institutions, etc. Les juges se sentent coincés dans leur «devoir de réserve» face à la toute-puissance de «votre liberté de presse»...

Pour qui se donne la peine de relire, à cette lumière, le déroulement des événements des derniers dix ans, le nœud du malentendu apparaît dans toute sa clarté.

À partir du milieu des années quatre-vingt, les médias ont été contraints d'engager une suite de recours judiciaires musclés afin de s'opposer à l'offensive, devenue systématique, de la classe juridique pour envelopper toujours davantage du secret un nombre croissant d'auditions judiciaires.

On a largement abusé, au mépris de la loi existante, des huis clos et des interdictions de publier imposés souvent très frivolement à la presse, de même que des ententes secrètes sur plaidoyers de culpabilité, conclues «sur la gueule» dans le secret des cubicules et des coulisses de la cour. On l'a fait souvent au nom d'une prétendue «saine administration de la justice», qui était loin de traduire toujours une préoccupation démocratique.

On connaît la suite. Dans toutes ces affaires, les tribunaux supérieurs du pays ont cherché, au nom de la Charte constitutionnelle, à réduire au minimum les restrictions imposées à la presse dans le traitement des affaires judiciaires ou, quant aux audiences du Conseil de la magistrature du Québec, des affaires disciplinaires touchant la conduite des juges.

En parallèle, Québec a dû se résoudre, afin, justement, de protéger la crédibilité de la discipline dans les ordres professionnels, à ouvrir au public en 1988 les auditions de leurs comités de déontologie. Pressé ensuite par une décision de la Cour suprême du Canada à la fin de 1989 à propos de l'Alberta, Québec a dû également ouvrir à la presse les salles d'audience spécialisées dans le droit de la famille.

À l'été 1992, une directive du ministre de la Justice du Québec obligeait, sous la pression publique, les parties à une affaire criminelle à divulguer publiquement la nature et les motifs des ententes conclues relativement aux négociations de plaidoyers en matière criminelle et pénale, de même que les circonstances dans lesquelles elles avaient été conclues. La directive est loin d'être appliquée intégralement; mais au moins elle existe comme un symptôme.

Enfin, la direction du ministère de la Justice a vu à ce que cessent les tentatives multilatérales pour empêcher la presse judiciaire d'avoir accès à certaines décisions judiciaires écrites, au texte des dénonciations criminelles et aux inscriptions du jour en matière civile.

L'ensemble de ces correctifs présupposait que c'est la transparence, plutôt que le secret, qui forme le premier atout de la crédibilité du système judiciaire.

À la lumière de cette succession de réformes, il est apparu également que les lacunes n'étaient pas toutes du même côté. La presse était loin (et reste loin) d'être sans failles et sans de substantielles lacunes. Le rôle que lui confirmaient les tribunaux supérieurs du pays dans la foulée de la Charte canadienne des droits et libertés ne va pas, si tant est que la presse veut rester crédible à son tour, sans l'impératif de raffiner son traitement des affaires judiciaires.

Il s'impose à la presse de cesser d'improviser continuellement dans ce domaine, soit en y consacrant de trop maigres ressources, soit en y affectant des touristes insouciants, des incompétents notoires ou de grands ignorants qu'on ne se donne pas la peine d'initier le moindrement, soit enfin en maintenant, en parallèle à un secteur judiciaire ou en lieu de celui-ci, une chronique de police qui s'abreuve encore béatement aux *detective stories* du début de ce siècle qui va bientôt finir.

Ces pratiques dinosauriennes, qu'on s'étonne de retrouver encore, même dans des médias qui se prétendent de haute qualité et qui ne jurent que par la nouvelle cuisine destinée aux «décideurs» portant le brassard de l'élite, méritent elles aussi un débat transparent, vigoureux et décisif.

Les médias ne sont pas les seuls à ériger parfois l'approximation et la bêtise en système. Les universités, qui font profession de former entre autres des journalistes, montrent aussi des pratiques fort peu édifiantes. Il n'y a pas une semaine où les chroniqueurs judiciaires du palais de justice de Montréal ne reçoivent des étudiants en journalisme, littéralement expédiés là par leur professeur comme des parents négligents se débarrassent des petits en leur enjoignant d'aller regarder la télé au sous-sol.

Ces jeunes bien intentionnés, mais abandonnés par un professeur insouciant, arrivent au palais de justice complètement perdus, sans que personne ne leur ait expliqué, au moins dans les grandes lignes, ce qui s'y passe, quoi rechercher et où le trouver. Ils arrivent avec, pour tout bagage, l'injonction d'y découvrir, sans aide ni direction, matière à un aberrant «travail de recherche». La grosse misère, vous dis-je.

En somme, autant le débat sur les juges se doit de sortir des généralités qui assimilent bêtement tous les juges, dont la grande majorité sont des personnes de haute qualité et d'une intégrité irréprochable, autant le débat sur les médias doit sortir des vapeurs mythiques et des généralisations grossières. C'est en se précisant et en se concentrant sur ce qu'il est pressant de réformer qu'on évitera, là aussi, de jeter le bébé avec l'eau du bain.

Il reste des données qui ne varieront pas et avec lesquelles il faut vivre de part et d'autre. Entre autres et d'abord, la presse judiciaire quotidienne restera celle de mass-media; pour rendre compte des affaires judiciaires à un rythme quotidien, elle n'a pas à se métamorphoser en revue ni en magazine de droit.

Il faut en effet se faire une idée: soit l'on met dans le coup l'ensemble des citoyens — une hypothèse qui commande une très certaine vulgarisation de questions souvent complexes —, soit on met sous le boisseau — comme naguère — les vraies questions judiciaires du moment et on laisse les représentants de la police réduire le traitement judiciaire dans la presse aux petits crimes crapuleux ou colorés de la veille.

Il importe de plus que la classe juridique abandonne le réflexe de chercher à imposer au reportage journalistique le modèle de la preuve judiciaire. On reproche souvent à la presse, par exemple, de diffuser des informations «fondées sur le ouï-dire seulement». C'est oublier que la vie réelle n'est pas un acte de science et que la société n'est pas un tribunal. C'est oublier également que les tribunaux eux-mêmes font aujourd'hui une large place à la preuve par ouï-dire, notamment quand celle-ci est crédible et fiable et que son utilisation se révèle nécessaire (lorsque par exemple la preuve directe et pertinente n'est pas disponible). Non seulement la Cour suprême du pays l'a clairement reconnu dans les arrêts *La Reine* contre *Khan* en 1990, puis *La Reine* contre *Smith* en 1992, mais encore le nouveau Code civil du Québec, en vigueur depuis le 1er janvier 1994, ouvre grande la porte à la preuve par ouï-dire (voir les articles 2869 à 2874).

Il ne faut pas oublier, par ailleurs, que chaque fois qu'un juge de paix signe un mandat de perquisition et d'arrestation, chaque fois que la Couronne signe une dénonciation et chaque fois qu'un juge instruit une enquête sur la remise en liberté provisoire, ces démarches reposent en règle générale sur le... ouï-dire.

Enfin, bien des avocats, invoquant le principe de justice naturelle selon lequel il faut entendre toutes les parties à un litige (*Audi alteram partem*), se plaignent de ce que le chroniqueur judiciaire ne fasse point entendre les points de vue des défendeurs au moment où ceux-ci sont attaqués par une action civile. Mais c'est ignorer que les médias ne sauraient le faire, avant la présentation formelle d'une défense au dossier, sans entreprendre une instruction parallèle de l'affaire — ce que la loi interdit expressément à la presse.

Quant au débat public sur les affaires judiciaires en cours, autant la critique émergeant de la discussion publique se doit de respecter l'institution judiciaire et la règle de non-ingérence dans les affaires en cours, autant le pouvoir judiciaire, comme le législatif, doit se garder d'imposer à cet égard des restrictions démesurées, qui évacueraient, au nom d'une indépendance judiciaire mythique, tout débat public réel.

CONCLUSION

Au-delà des mythes,
le service public

Il reste de la magistrature, quand se dissipent enfin les mythes, la qualité, plus grandiose que tous ses autres atours, qu'elle est d'abord un service public. Non pas au sens où l'est la fonction publique, soumise au pouvoir politique et mise à sa disposition, ni au sens restreint des entreprises de *public utility*, mais comme le pouvoir politique lui-même, au service de la collectivité.

Jouieront toujours de la plus haute estime du public des juges impartiaux et consciencieux, intègres et indépendants du pouvoir politique, animés d'un esprit de service plutôt qu'engagés dans la recherche de privilèges ambigus de classe.

Au moment de signer ces lignes se terminait à Montréal le procès de l'agent de police Allan Gosset, accusé depuis 1987 de l'homicide involontaire d'un jeune Noir qu'il venait d'arrêter et d'emmener au poste de police. L'affaire avait été explosive à l'époque. Des groupes de pression en avaient fait voir de toutes les couleurs. Un premier procès avait eu lieu à l'époque de l'incident, que le juge avait un peu bâclé. Il dut être repris en 1994. Le policier fut alors acquitté une seconde fois. Sept ans plus tard, le débat public restait tenace.

Le nouveau procès fut en tout point exemplaire — un modèle de ce que l'appareil judiciaire d'ici sait faire si bien quand il s'en donne la peine. Grâce à des procureurs intègres et compétents et à un juge de qualité, tous les aspects de la question litigieuse furent mis sur la table, sans cachettes ni bavures, distingués et disséqués avec art, prudence et honnêteté intellectuelle. D'aucuns eussent souhaité que le juge n'insistât pas si lourdement pour exprimer ses opinions personnelles sur le litige lors de ses directives au jury. Mais dans l'état actuel du droit à cet égard (la chose reste pour l'heure vigoureusement discutée au sein des tribunaux supérieurs), personne ne pouvait lui en faire le reproche.

C'est d'abord à sa façon, souvent remarquable, de déterminer un litige et de résoudre une *crise* (car tout litige est une crise, qui appelle ce que le terme grec *krisis* désigne un «dénouement» sous la forme d'un «jugement» ou d'une décision) que l'appareil judiciaire se gagne la faveur et l'attachement de la collectivité, et non pas en poursuivant la recherche de privilèges fondés sur des arguments ambigus.

De même, des juges ont entrepris récemment de dénoncer, dans leurs décisions judiciaires mêmes, les excès aberrants de certains avocats qui se montrent avides de saigner à blanc leurs propres clients, prêts à engorger les cours et à épuiser l'appareil judiciaire pour le seul motif d'ajouter, comme disait le prophète, maison sur maison et joindre champ à champ, au point de prendre toute la place (*Isaïe*, V, 8).

C'est dans la primauté du souci pour les justiciables sur le «club privé» des anciens collègues de la Faculté de droit que la collectivité apprend à apprécier sa magistrature.

Le clergé catholique de naguère n'a pas perdu la place prépondérante qu'il occupait dans la société civile québécoise parce que la foi des fidèles a soudainement et massivement vacillé. Bien plutôt, la foi des croyants a commencé à vaciller avec la conscience de plus en plus vive que le goût du pouvoir de leurs chefs spirituels religieux se révélait plus intense que leur esprit de service.

Les dirigeants politiques d'aujourd'hui connaissent une chute de la faveur et du respect populaires pour la même raison. Et la traversée du désert s'annonce pour eux longue et pénible.

Qu'on songe également aux dirigeants de plus d'une université québécoise: le simple fait qu'en plus de commander un traitement faramineux plusieurs d'entre eux se préoccupent, comme si ça n'était pas assez, d'exiger que le bon peuple leur paie leurs abonnements au club de golf et au centre de conditionnement physique, puis leur fasse cadeau d'une voiture personnelle en plus d'une année sabbatique quand cessent leurs fonctions, traduit bien le bête appétit pour les privilèges.

Quand les citoyens comprennent que ce genre de soucis paraît intéresser au plus haut degré leurs dirigeants, ils ne se demandent plus si ceux-ci restent animés par l'idéal du service public, mais plutôt à quel prix ils peuvent être achetés — et par qui.

Les juges ne sont pas choisis pour régner en princes au-dessus de la voûte céleste, mais pour faire fonction de maîtres-accoucheurs.

Comme Socrate par ses questions, le juge fait accoucher de la justice et de la sagesse. Il provoque l'accouchement si nécessaire, il sait en adoucir les douleurs. Comme l'accoucheur encore, il a à discerner si l'esprit accouche de chimères ou de fruits réels et vrais. Car, les yeux rivés sur l'intérêt de l'ensemble du corps social, une règle unique l'anime, comme le Socrate du *Théétète*:

> Il ne m'est permis en aucune manière ni d'acquiescer
> à ce qui est faux ni de cacher ce qui est vrai (151d).

Pâques 1994

Index des noms propres

Index des sujets principaux

Table

CET OUVRAGE
COMPOSÉ EN GOUDY 12 POINTS SUR 14
A ÉTÉ ACHEVÉ D'IMPRIMER
LE ONZE AOÛT
MIL NEUF CENT QUATRE-VINGT-QUATORZE
PAR LES TRAVAILLEURS ET TRAVAILLEUSES
DE L'IMPRIMERIE GAGNÉ
À LOUISEVILLE
POUR LE COMPTE DE
VLB ÉDITEUR.

IMPRIMÉ AU QUÉBEC (CANADA)